SOBRE O RELATIVISMO PÓS-MODERNO E A FANTASIA FASCISTA DA ESQUERDA IDENTITÁRIA

ANTONIO RISÉRIO

SOBRE O
RELATIVISMO PÓS-MODERNO E A FANTASIA FASCISTA DA ESQUERDA IDENTITÁRIA

2ª EDIÇÃO REVISTA E AUMENTADA

Copyright © 2020 Antonio Risério

EDITOR
José Mario Pereira

EDITORA ASSISTENTE
Christine Ajuz

REVISÃO
Luciana Messeder

PRODUÇÃO
Mariângela Felix

CAPA
Miriam Lerner | Equatorium Design

DIAGRAMAÇÃO
Arte das Letras

CIP-BRASIL. CATALOGAÇÃO NA FONTE.
SINDICATO NACIONAL DOS EDITORES DE LIVROS, RJ.

R474s

Risério, Antonio
Sobre o relativismo pós-moderno e a fantasia fascista da esquerda identitária / Antonio Risério. – 1ª ed. – Rio de Janeiro: Topbooks, 2019.
199 p.; 21 cm.

ISBN: 9788574752891

1. Brasil – Política e governo – Séc. XXI. 2. Democracia – História – Brasil. I. Título.

19-60348	CDD: 320.981
	CDU: 32(81)

TODOS OS DIREITOS RESERVADOS POR
Topbooks Editora e Distribuidora de Livros Ltda.
Rua Visconde de Inhaúma, 58 / gr. 203 – Centro
Rio de Janeiro – CEP: 20091-007
Telefax: (21) 2233-8718 e 2283-1039
topbooks@topbooks.com.br/www.topbooks.com.br
Estamos também no Facebook e Instagram.

"Quase em todo lugar... a operação de tomar partido, de se posicionar a favor ou contra, substituiu a obrigação de pensar".

SIMONE WEIL, *Pela Supressão dos Partidos Políticos*.

Sumário

NOTA DO AUTOR 11

1 – A violência rouba a cena 17

2 – O "outro": do reconhecimento à rejeição 25

3 – Caminhos para a cracolândia mental 35

4 – A racionalidade planetária 49

5 – Abolição da história e das classes sociais......................... 61

6 – A defesa do *apartheid* político e cultural 83

7 – A bolha neonegra, o afro-oportunismo 93

8 – A onipotência do palavreado 117

9 – Superar o *apartheid*, reencontrar a democracia 129

ANEXOS

Minirrecado ao eventual leitor ou leitora 145

1 – Entrevista a Luciano Trigo...147

2 – De olho no "lugar de fala" 163

3 – Chega dessa conversa de Brasil e de brasileiros? 169

4 – Colagem-Posfácio: de olho em algumas questões 175

Nota do autor

ESTE LIVRO É, NA VERDADE, uma invenção de José Mario Pereira, meu editor. O que aconteceu foi o seguinte. Sentei a fim de escrever um artigo para jornal, dentro daquelas medidas padronizadas. Logo de cara, vi que não dava. O texto começou a se estender além dos limites previstos. Começou a ganhar forma de pequeno ensaio. Em seguida, constatei que ensaio, sim — pequeno, não. Comentei o assunto com José Mario. Quando viu qual era o tema, ele avisou de imediato que queria ler. Continuei escrevendo. E deu no que deu. Quando finalmente disse ao meu editor a extensão que o escrito tinha assumido, ele não hesitou: "vamos fazer o livro". E aqui está o rebento devidamente encadernado.

Não estava nos meus planos fazê-lo. Mas o bicho se impôs, aproveitando-se da minha indignação diante do fascismo crescente que vem caracterizando, nos últimos anos, o discurso e a conduta do segmento hoje mais barulhento da esquerda brasileira: a chamada esquerda pós-moderna, com sua linha de frente nos movimentos ditos "identitários" e suas milícias brutais — uma versão atual, mas escandalosamente atroz e truculenta, das "patrulhas ideológicas" da década de 1970, assim batizadas pelo cineasta Cacá Diegues, numa expressão que então se tornou corrente em nosso meio artístico-intelectual. Indignação que foi acentuada (e muito) pelo fato de que, pelo menos de um ano para cá, nossos intelectuais "de esquerda" têm produzido textos denunciando e analisando o fascismo de direita que reemergiu entre nós. Mas, como no velho ditado, se recusam a olhar o próprio rabo, silenciando sobre o fascismo esquerdista – este, aliás, por sua anterioridade em nosso cenário recente, responsável pelo recrudescimento daquele. No polo oposto, invisto vigorosamente, aqui, contra o sectarismo, as simplificações, os construtos deliriosos, a ignorância, a cegueira voluntária e involuntária, as ações virulentas contra qualquer expressão de dissenso político ou ideológico e a rejeição radical da outridade, que hoje se expressam explicitamente no identitarismo.

O que o eventual leitor terá em mãos, portanto, é um livro de enfrentamento direto, afrontando sem inibições e sem temor o relativismo cognitivo (ou epistêmico) pós-moderno e o fascismo identitário, já que o primeiro se encontra, queira ou não, na base do segundo. Um livro de intervenção intelectual e combate político frontal. Logo, um livro abertamente polêmico, sem concessões, sem floreios, sem branduras, sem meias palavras. Muito pelo contrário. A propósito, costumo dizer que meu guru é Lutero: não tenho papas na língua. E, por isso mesmo, aqui está um livro que destoa radicalmente do atual clima de complacência e medo que tomou conta do ambiente intelectual de esquerda e, em especial, do meio universitário, acadêmico, onde tantos professores, quando não apoiam o identitarismo, escudam-se covardemente no silêncio, temerosos de sofrerem linchamentos verbais e agressões físicas, elementos hoje centrais desta estranha "práxis" esquerdista que colocou os *campi* sob seu rigoroso controle, na base do chicote e da rédea curta.

Quanto a mim, não só abomino qualquer espécie de fascismo, venha historicamente do stalinismo ou do nazismo, por exemplo, ou se expresse, em nossa penúria conjuntural, nos extremos do "petismo", do "identitarismo" ou do "bolsonarismo", como me recuso a aceitar o silêncio dos "bem pensantes" sobre o assunto — ou sua manifestação, ridiculamente seletiva, no ataque exclusivo ao fascismo direitista. Planto meus pés, com toda clareza e determinação, no campo da esquerda democrática. E reajo como posso a qualquer ofensiva para asfixiar a liberdade de pensamento e expressão e para liquidar ou suprimir discordâncias e dissidências. É preciso voltar a respirar o ar livre e enriquecedor do verdadeiro convívio democrático, espaço por excelência para a manifestação clara, franca — desenvolta e desembaraçada — de todos os uns e de todos os outros.

E não será demais lembrar que, num ensaio relativamente breve como este que se vai ler ou folhear apenas, muita coisa fica necessária ou mesmo quase forçosamente de fora. É inevitável. Por isso mesmo, faço ao eventual leitor um pedido que não julgo excessivo. Peço que se concentre, primeiramente e principalmente, no que de fato eu fiz — e não no que deveria ter feito ou deixei de fazer. Não que esta segunda postura deva ser descartada. Não é isso. Mas é que se vem tornando rotineira e até sistemática, em nosso meio, uma atitude culturalmente estranha e mesmo narcísica: o destinatário da mensagem parece não ter olhos para ela, preocupado apenas com o seu próprio ponto de vista. Assim, diante de um produto intelectual ou estético, denuncia o que ali não foi tratado ou retratado, sem contemplar ou examinar, concentradamente, o objeto mesmo que tem à sua frente e o que ele realmente traz ao campo de nossa atenção.

Por fim, levando em conta que este ensaio é uma espécie de continuação de conversas recentes que tenho mantido sobre os temas aqui abordados, seja em meio a companheiros geracionais, seja com intelectuais, escritores e artistas bem mais jovens do que eu, a eles agradeço – e a eles dedico este escrito. Eis: a filósofa Bruna Frascolla (entre outras coisas, tradutora dos *Diálogos sobre a Religião Natural* de David Hume e autora de *As Ideias e o Terror*), a cientista política Emanuelle Monteiro Torres, o geógrafo Fernando Coscioni ("política identitária é sinônimo de politização do ressentimento"), o sociólogo Gustavo Falcón (autor de, entre outros, *Os Coronéis do Cacau* e *Do Reformismo à Luta Armada*), o escritor e crítico João Carlos Rodrigues (autor de *João do Rio: Vida, Paixão e Obra* e *O Negro Brasileiro e o Cinema*), o músico Makely Ka, a culturóloga Marília Mattos, a advogada Mariana Risério (que, no próximo novembro, lança *Meninas, Mulheres e Imagens Virtuais: Por Entre Violências, Direitos e Ciberfeminismo*), o cientista político Paulo Fábio Dantas Neto (autor de *Tradição, Autocracia e Carisma*), o psicanalista Marcus do Rio, a arquiteta-cineasta Silvana Olivieri (autora de *Quando o Cinema Vira Urbanismo*) e o novelista Victor Mascarenhas, que já nos deu, entre outras coisas, *Cafeína* e *A Insuportável Família Feliz*. E, se nomeei suas áreas básicas de atuação, foi para mostrar a alguma variedade que me tem cercado nesses entreveros com o identitarismo. Ao lado dessa turma, não posso deixar de mencionar uma dívida que contraí com o filósofo Francisco Bosco, já que seu livro *A Vítima Tem Sempre Razão?* foi a provocação inicial, lá atrás, para que, mais cedo ou mais tarde, eu chegasse a este ensaio. Assim como não posso me esquecer de deixar aqui meus agradecimentos a Mariângela Felix (produção), Luciana Messeder (revisão) e Miriam Lerner (capa), que capricharam na execução do projeto deste agora novo livro. Afora isso, para minha mulher Sara Victoria — sempre.

Ilha de Itaparica, setembro de 2019

1 | A violência rouba a cena

DE UNS TEMPOS PARA CÁ, tanto no cenário político-cultural norte-americano quanto no brasileiro, assistimos à proliferação de ações persecutórias e mesmo truculentas protagonizadas não só pela extrema-direita, mas, para a surpresa de muitos, pela chamada "esquerda identitária", que se julga moralmente superior ao resto da humanidade. Aqui, quem quer que não concorde *in totum* com as imbecilidades hoje imperantes, é prontamente atacado com os palavrões agora em voga: homofóbico, racista, misógino, etc. E atacado sem o menor escrúpulo, com desprezo absoluto pela ética e por verdades factuais. Se o atacado quiser argumentar, defender o seu ponto de vista, pior. Identitários não perdem tempo com argumentos e outras bobagens do gênero, desde que andam sempre muito menos interessados em discutir ideias do que sistematicamente empenhados em destruir reputações. E é por isso que berram, alto e mau som, apelando para o que está ao alcance de seus mínimos neurônios, numa carretilha de xingamentos morais absolutamente irresponsáveis, onde "canalha" é das expressões mais leves.

Apenas para dar alguns exemplos, lembro coisas acontecidas recentemente no Canadá e nos Estados Unidos, todas muito bem documentadas, por sinal. Veja-se o caso da perseguição identitária ao psicólogo canadense Jordan Peterson. Como se sabe, Peterson defende o ponto de vista de que somos todos "binários", isto é, homens *ou* mulheres, mesmo que "transexuais". Só que aprovaram recentemente uma lei no Canadá — país que se tornou o paraíso delirante de todos os fascismos identitários e, logo, o inferno do que quer que cheire a democracia e liberdade de expressão —, a chamada Lei C-16 de proteção a identidades e gêneros, fundada no "politicamente correto", que pode fazê-lo perder o emprego e ser preso por pensar o que pensa, dentro do sistema universitário, que, em princípio, deveria ser o espaço mesmo do livre fluxo de ideias. E é bom frisar que os identitários fizeram de tudo para impedir Peterson de defender sua postura num debate público justamente sobre — adivinharam — liberdade de expressão, no *campus* da Universidade de Toronto: levaram um aparelho que produzia ruído, gritaram sem parar e ainda desligaram o som enquanto ele argumentava. Na verdade, o que se vê hoje, no Canadá, é a soma de fanatismos identitários desembocando no que deve ser definido como um embrião de fascismo de Estado. Já nos Estados Unidos, tivemos, entre outras coisas, a campanha absurda movida contra o historiador Ian Buruma, até então editor da *New York Review of Books*. Sob uma chuva de mentiras (já devidamente desmascaradas) da militância identitária — dos chamados *social justice warriors*, que são, digamos, uma versão digital de milícias como as mussolinistas na Itália, as franquistas na Espanha, as salazaristas em Portugal e as peronistas na Argentina –, Buruma foi demitido do posto. Artigos desmontam aqui e ali essas farsas enfuriadas. Mas o feroz moralismo identitário continua promovendo festivais de calúnia e infâmia. E nesse meio parece que não há militante que não seja cego, barbaramente cego.

No Brasil, já em 2013, presenciamos o caso do violento ataque esquerdista-identitário ao geógrafo e analista político Demétrio Magnoli e ao filósofo Luís Pondé, numa feira literária realizada em Cachoeira do Paraguaçu, na Bahia. Impediram Demétrio de falar, jogando, inclusive, uma cabeça de porco ensanguentada no meio do palco de onde ele iria expor seu pensamento. E isto pelo simples fato dele ser um crítico lúcido de nossas atuais fraudes estatísticas, que metamorfoseiam até índios em pretos, e principalmente das políticas públicas compensatórias (cotas raciais, etc.), quando, de Sarney a Lula, nossos governantes foram incorporando acriticamente o discurso sempre norte-americanoide e as reclamações do racialismo neonegro. Pondé também foi cercado e silenciado por estudantes, naquela cidade do Recôncavo Baiano. Testemunha dos fatos, o escritor Victor Mascarenhas recorda:

Eu estava na Flica [Feira do Livro de Cachoeira] e vi o protesto durante a participação de Demétrio Magnoli. Foi em 2013, ainda no rescaldo das manifestações daquele ano... Os militantes impediram que ele falasse (ou seja: não protestaram contra algo que ele disse, cercearam violentamente o seu direito de falar), exigiram que ele fosse embora da cidade e ainda ameaçaram fazer o mesmo em relação à participação de Luiz Felipe Pondé. A participação de Pondé foi também cancelada, em mais um ato de censura e intolerância.

Em seguida, passamos pelo episódio da "blogueira" cubana Yoani Sanchez. A história, nesse caso, chega a ser até cruelmente irônica. Depois de anos lutando por maior liberdade de expressão no quintal dos irmãos Castro e pelo direito de viajar para fora do país, Yoani viu esta sua reivindicação ser atendida e aterrissou feliz da vida no Brasil. Mas para levar um susto. Aqui, militantes esquerdistas a humilharam publicamente e a impediram de abrir a boca para dizer qualquer coisa. Foi só então que a coitada aprendeu que é rigorosamente proibido criticar a ditadura cubana nos terreiros e torrões do esquerdismo brasileiro.

Agora, junho de 2019, um "coletivo" (expressão que hoje, em contexto identitário, se tornou sinônimo de fascismo) invadiu a Escola de Teatro da UFBA (Universidade Federal da Bahia) para impedir a encenação da peça "Sob as Tetas da Loba" (Jorge Andrade), dirigida pelo professor Paulo Cunha. Ladrando e espumejando de ódio, os militantes racialistas implantaram um clima de terror e medo no Teatro Martim Gonçalves, inclusive agredindo fisicamente a professora Deolinda França de Vilhena, já com seus 60 anos de idade, aos berros de "racista" e "branca da França", por ser Deolinda casada com uma francesa e ter estudado naquele país – o que também mostra o alto grau de preconceito desses identitários neonegros com relação a amores lesbianos – brancos, ao menos. (Na verdade, a homofobia tem sido há tempos um traço forte do racialismo. Em meados da década de 1990, o historiador e antropólogo Luiz Mott teve os muros de sua casa pichados e quebrados os vidros do seu carro, pelo simples fato de ter defendido a hipótese de que Zumbi dos Palmares gostava de fazer sexo com outros homens, na veadagem quilombola). Ou seja: vimos um "coletivo" racifascista neonegro impedindo a encenação de uma peça e agredindo uma professora universitária. Vale dizer, reproduzindo, agora no campo da esquerda, o ataque do velho CCC (Comando de Caça aos Comunistas) da década de 1960 à peça "Roda Viva", de Chico Buarque, dirigida por José Celso Martinez. Na época, em discurso lúcido e indignado, durante apresentação festivalesca de sua composição "É Proibido Proibir", Caetano Veloso acusou aquela esquerda universitária de fascista, aos gritos: "Vocês são iguais aos que entraram na 'Roda Viva' e espancaram os atores, não diferem em nada deles". Perfeito. E ainda hoje a esquerda brasileira em geral se recusa a bater na mesa, denunciando claramente o fascismo em suas próprias fileiras: ou apoia a agressão ou, em sua covardia, prefere fechar os olhos para não se comprometer. Acredita que, de todos esses episódios, sai sempre com as mãos limpas.

A própria Deolinda comenta:

> ... um ato de censura, de agressão, mas que está sendo visto pela esquerda como um ato político! A UFBA, a ETUFBA [Escola de Teatro] quase pediram desculpa aos invasores do teatro, enquanto a professora agredida NÃO teve uma única palavra de apoio da casa onde trabalha. Dos colegas esquerdistas, nem pensar.

A filósofa Bruna Frascolla frisa que a reitoria da UFBA não deu sequer uma notinha a respeito da violência contra Deolinda e a peça de teatro. Diz ela: a mesma reitoria que se manifestou publicamente até contra a pichação da suástica em banheiros da Universidade, escolheu agora ficar caladinha, não dar um pio. E Bruna está certa quando afirma que a universidade brasileira jogou a toalha – e que não é necessário censurar professores porque eles mesmos já se autocensuram (ao contrário do que muitos imaginam ou alardeiam, a covardia intelectual é rotineira no ambiente acadêmico). No artigo "Racialismo e Violência nos *Campi*" (*O Globo*), a antropóloga Yvonne Maggie comentou:

> Estamos mesmo vivendo tempos sombrios e a violência nos *campi* cresce e demonstra a falta de diálogo, a ausência da busca pelo universal que deveria ser central na instituição em que trabalhamos. Afinal, a universidade, segundo a etimologia, significa universalidade. [...]. Ao saber do ocorrido imediatamente me solidarizei com a professora. Nunca fui agredida fisicamente, mas já fui chamada de 'genocida' por um grupo... no dia da cerimônia na qual recebi, em reunião do Conselho Universitário da UFRJ [Universidade Federal do Rio de Janeiro], o título de professora emérita. Nunca falei sobre isso porque confesso minha grande dor ao presenciar estudantes agredindo uma professora que dedicou sua vida acadêmica a construir mecanismos mais democráticos de inclusão de grupos menos favorecidos na UFRJ. [...] ... me admirei com o silêncio da comunidade acadêmica que, por medo ou por apoiar este tipo de atitude, não fez nenhum desagravo público.

Violência à direita e violência à esquerda, é o que vemos. De fato, em matéria de "caça às bruxas", muito embora com sinais ideológicos pretensamente opostos, o velho macarthismo e o novel identitarismo se equivalem, ou até mesmo este supera aquele na escala do ódio, assim como, no âmbito brasileiro, equiparam-se, em suas intervenções "culturais", a truculência identitária e a da extrema-direita "bolsonarista". Tudo sob o signo do fascismo. E, antes que me venham com frescuras acadêmicas, aviso que emprego a expressão "fascismo" em seu sentido corriqueiro de tentativa de exercer controle ditatorial sobre a postura e o discurso dos outros, desde que estes manifestem o mínimo teor de discrepância com relação aos dogmas ou à doxa de determinado grupo que se acha e se autodeclara portador da verdade e do destino histórico de toda uma coletividade. Apenas para me confirmar, digamos assim, uma revista feminista norte-americana publicou não faz tempo, desavisadamente, como artigo em defesa da causa, a tradução para o inglês de um capítulo do *Mein Kampf* de Adolf Hitler. (Aliada à violência, a censura anda hoje em alta no Brasil. Da direita à esquerda. Evangélicos, quando chegam ao poder, tentam censurar o que podem e o que não podem. Como o atual desprefeito do Rio de Janeiro. Identitários, igualmente. Até o Supremo Tribunal Federal, suposto guardião de uma carta constitucional que bane a censura, censurou *sites* com textos da operação "Lava Jato" que se referiam ao presidente da "corte", curiosa expressão com a qual costuma ser tratado aquele conjunto pseudoaristocrático e algo hilário de togas roçagantes. Mas a coisa não para por aí. Pesquisa recente do Datafolha mostrou que nada menos do que 45% dos brasileiros consideram que o presidente tem todo o direito de censurar obras e espetáculos realizados com recursos de leis federais de incentivo fiscal). No que de momento desejo destacar, o fascismo avança furiosamente, em plano verbal e/ou físico (fascistas, quando não podem fuzilar, xingam a plenos pulmões), com o propósito de calar e destruir quem quer que destoe minimamente da ciscalhada identitária que vem emporcalhando mais e mais nosso ambiente político e cultural. Frise-se, ainda, que a postura fascista não discrimina entre credos ideológicos, manifestando-se sem inibições tanto à direita quanto à esquerda, irmanando assim, definitivamente, Hitler, Stálin e todas as inumeráveis legiões de seus seguidores, onde quer que eles estejam. Afinal, o furor dos stalinistas que levaram Maiakóvski ao suicídio é monstruosamente idêntico ao furor dos nazistas que levaram Walter Benjamin ao suicídio.

2 O "outro": do reconhecimento à rejeição

EXTREMA-DIREITA À PARTE (que esta, como os bolcheviques, nunca vacilou em se pautar pelo jogo pesado, ao contrário da, digamos, esquerda "francesa", que sempre gostou de posar de "civilizada" na polarização "civilização ou barbárie", apesar de tudo o que sempre soube sobre a Rússia, a Coreia do Norte, a China, o Camboja de Pol Pot e do Khmer Vermelho e mesmo Cuba), a primeira pergunta que me ocorre, diante desse quadro atual de intolerância e agressividade dos identitarismos, é: como chegamos até aqui? Para tentar responder à pergunta, vamos, primeiramente, recordar alguma coisa da trajetória recente desses movimentos sociais que hoje são colocados sob o guarda-chuva do identitarismo. Em seguida, ensaiar uma leitura de como o identitarismo se formou a partir do campo intelectual, misturando ou pretendendo ter misturado coisas aparentemente tão díspares quanto, por exemplo, o desconstrutivismo "gramatológico" de Jacques Derrida e a herança da luta norte-americana pelos *civil rights*, a conversa enviesada de Gilles Deleuze e os punhos fechados do Partido das Panteras Pretas (sim: *black panther* — e a tradução de "black" é "preto"), ou a viagem de Michel Foucault pelos meandros do poder e o discurso feminista vindo de Betty Friedan, Gloria Steinem e Germaine Greer, agora levado ao extremo de uma impecável lógica do absurdo, completamente a-histórica, como se relações sociais fossem passíveis de reificações irrevogáveis, cristalizando-se numa espécie qualquer de superartefato arqueológico, e não um processo permanente de deslocamentos, mudanças, reinvenções, rupturas, saltos e mesmo mutações.

Mas vamos proceder por partes. De saída, lembrando que as atuais movimentações do identitarismo, tão rígidas e autoritárias, tiveram sua origem mais imediata não em células de encarniçados militantes nazistas ou stalinistas, mas na relaxadíssima agenda contracultural dos anos sessentas, tempos de *flower power* e do slogan "paz e amor". Sim. Foi na preamar neorromântica da contracultura que nos concentramos, com veemência ou intensidade variável, em coisas como o orientalismo, as drogas alucinógenas (ou "drogas para a expansão da consciência"), o pacifismo, o movimento das mulheres, a ecologia, o pansexualismo, as questões negra e indígena, os discos voadores, a transformação *here and now* do mundo, etc. Aí estavam os elementos fundamentais da ecletíssima dieta de boa parte da juventude mundial naquela época. Em suma, vieram à luz, na movimentação estético-psicossocial da contracultura, as primeiras florações contemporâneas de temas que hoje mobilizam energias políticas e sociais nos mais diversos cantos do planeta. Mas essas coisas não passariam de imediato a integrar a (e a se mover na) esfera propriamente política. O ecologismo contracultural, por exemplo — apesar do surgimento de entidades e escritos como o Clube de Roma, o relatório

Limites do Crescimento, o texto *"Population, Resources, Environment"* de Anne e Paul Erlich ou as advertências de Maxwell Fry —, foi mais uma postura lírica, ou lítero-filosófica, do que qualquer outra coisa; algo quase na linha do profeta sioux Smohalla, que se recusava terminantemente aos trabalhos agrícolas, para não ferir o corpo de sua mãe-terra. Tanto nos Estados Unidos quanto no Brasil, o jogo só mudaria adiante.

No caso brasileiro, estas movimentações só alcançariam repercussão sociopolítica na segunda metade da década de 1970. Utilizando metáforas terapêuticas, Caetano Veloso observou, então, que aquele foi o momento da passagem da "homeopatia" ao "antibiótico", vale dizer, de traspassar a brandura e a lassitude de um contemplativismo contracultural regado a ioga e incensos (note-se, de passagem, que a virada política do *hippie* em *yippie* não veio até nós), em direção a interferências mais enérgicas e lineares na vida do país. Ao invés do androginismo difuso impregnando o astral contraculturalista, por exemplo, pensava-se agora em termos organizacionais a luta pelos direitos de lésbicas e bichas, com recurso sistemático ao proselitismo e o envolvimento de raciocínios de base jurídica. Do mesmo modo, o ecologismo se politizaria gradualmente daí em diante, persistindo certos aspectos originais do contraculturalismo apenas em meio a ínfimos grupúsculos "artesanais", que continuaram a rejeitar *in totum* o repertório tecnológico contemporâneo. Podemos citar algumas das fontes dessa mudança, no sentido da qual pesou principalmente a nova conjuntura política e a reconquista da capacidade de intervir por parte da assim chamada "sociedade civil", agora comboiada por padres e advogados, gente tradicionalmente conservadora que, diante dos desequilíbrios sociais brasileiros e das violências do regime militar, bandeou com firmeza para os campos do ativismo antigovernamental.

Em 1974, com o retorno do chamado "grupo castelista" ao poder, era esperável certo abrandamento da repressão, abrindo-se a perspectiva de um renascimento do debate político nacional. E o presidente Ernesto Geisel, governando em condições nem sempre fáceis, logo colocou em andamento a sua política de "distensão lenta, gradual e segura", fustigada à esquerda e sabotada à direita. Foi um jogo complicado, em meio a diversas pressões, viessem elas da Igreja Católica, com a Confederação Nacional dos Bispos do Brasil e suas "comunidades eclesiais de base", dos oficiais da "linha dura" das forças armadas (agarrando-se com unhas e dentes ao aparato repressivo), da Ordem dos Advogados do Brasil, somando arrazoados jurídicos sobre o "estado de exceção" (na mira, o AI-5) e mesmo da Associação Brasileira de Imprensa. Fatos como o assassinato de Vladimir Herzog, a demissão do general Ednardo (comandante do II Exército), as cassações de mandatos de políticos oposicionistas, a breve ofensiva do terrorismo de direita em 1978, as agressões ao clero e, claro, a derrota do arquirreacionário general Sylvio Frota dão bem uma ideia das peripécias que marcaram aquele processo de liberalização controlada, que ao mesmo tempo acenava para a liberdade de imprensa e não abria mão do AI-5. Mas o fato foi que o país finalmente se reanimou para a política, depois dos anos brutalmente repressivos da presidência do general Garrastazu Médici. Descompressão, informação e crítica sugerem, nesta ordem, uma reação em cadeia. E a verdade foi que o ambiente se tornou mais vivo, a opinião pública recuperou em parte seu grau de informação sobre a vida nacional e a discussão da natureza do regime e dos programas governamentais de ação ganhou maior amplitude e outra textura. Daí que se possa dizer que, de par com a entrada em cena dos generais Geisel e Golbery, saudada com certa extravagância pelo cineasta Glauber Rocha, tenha enfim se iniciado o que então se chamou "o despertar da sociedade civil".

No que aqui mais nos interessa, vamos realçar que nesse período (em especial, a partir da segunda metade da década de 1970) emergiram ou reemergiram com força crescente, na vida política e social do Brasil, as questões feminina, negra, indígena, *gay* e ecológica, ao lado do "novo sindicalismo" do ABC paulista, da proliferação de associações de bairro e do ativo Movimento do Custo de Vida, panelas vazias empunhadas por donas de casa e militantes das "comunidades de base" e do PCdoB. Coisas que, durante décadas, foram em boa parte assunto limitado a miúdo grêmio de cientistas e historiadores, assunto de excêntricos ou ocupação de visionários tão obsessivos quanto desgarrados, adquiriram nesse tempo relevância pública inédita e mesmo estatuto de movimento social, alastrando-se pelas cidades e obrigando os partidos políticos a rever, em graus variáveis de sinceridade, seus programas monotonamente semelhantes. Passados os velhos tempos de Bertha Lutz, Carmen Portinho e Patrícia Galvão (a Pagu da ala "antropofágica" do modernismo de 1922), a onda feminista transpõe agora as discussões do *women's lib* da década de 1960 e entra com força total no debate brasileiro, incursionando inclusive pela chamada "imprensa alternativa". Também os *gays* se organizam, criam grupos, fundam jornais como o *Lampião*, por exemplo. A luta indígena — impulsionada por seu próprio movimento interno, mas também pela Igreja Católica, por antropólogos e por coisas como a rebelião oglala-sioux de Wounded Knee (Estados Unidos, 1973) — se afirma irreversivelmente, com os índios e seus aliados se movendo com desenvoltura cada vez maior na cena brasileira, levando inclusive o eleitorado carioca a dar ao cacique Mário Juruna, hoje completamente esquecido, uma cadeira no Congresso Nacional. Esta é também a época da pregação simplificadora, ou simplacheirona e maniqueísta, de Abdias do Nascimento e do surgimento do Movimento Negro Unificado, esforçando-se para aplicar entre nós a *hypo-descent rule* dos senhores escravistas do sul dos Estados Unidos. Época, ainda, da conversão do ambientalismo *underground* em movimento ecológico, a caminho da futura formação de um "partido verde" no panorama político brasileiro.

Em resumo, é isso: da contracultura às lutas da década de 1970, no caminho da reconquista da democracia no Brasil, desenha-se a nova paisagem política e cultural do país. É claro que, como lembra Francisco Bosco, em *A Vítima Tem Sempre Razão?*, as histórias das lutas das mulheres pela igualdade vêm de antes, desde pelo menos o desempenho de Nísia Floresta (amiga do guru positivista Auguste Comte, que, aliás, a leu em português, comentando então com um amigo que tinha descoberto, surpreso, que entendia mais uma língua), passando pelas "sufragetes" (já com Carmem Portinho despontando), os ataques virulentos de Pagu — Patrícia Galvão — aos movimentos de mulheres, em nome do velho "marxismo-leninismo", etc. (Só fiquei surpreso com Francisco observando que "a luta feminista... remonta a mulheres quilombolas do período colonial"; nunca topei com nenhuma informação segura sobre o assunto — e não nos esqueçamos, também, de que os moradores de Palmares sequestravam escravas de plantações próximas ao quilombo, empregando-as em serviços agrícolas e sexuais). Do mesmo modo, depois da grande coalizão de classes e cores no movimento abolicionista (desembocando naquela que é, ainda hoje, a nossa maior revolução social), as lutas de negros e mulatos escuros pela igualdade vêm desde inícios do século XX, prolongam-se na criação da Frente Negra Brasileira (que chegou a aderir à ditadura do Estado Novo, época em que não hesitaram em defender o nazismo e a tratar Zumbi como um *führer* de ébano"), etc. Mas, depois do golpe militar de 1964 — que, embora sem prender ou exilar nenhum líder de políticas étnicas, atravancou a vida democrática no país —, veio o silêncio. Especialmente, pós-1968, quando o tempo fechou de vez.

Daí que o marco seja o avanço do movimento pela democracia (ou pela "redemocratização") na segunda metade da década de 1970. Foi ali que as chamadas "lutas de minorias" (hoje tratadas, talvez menos inadequadamente, como identitárias) se projetaram e ganharam visibilidade social e política no cenário brasileiro. Nasceram — ou renasceram —, portanto, de nossas lutas em defesa das diferenças, em favor do respeito fundamental ao *outro*. Nasceram e se firmaram, para usar os termos de Francisco, na luta contra "o poder" (no sentido de Foucault) e por "reconhecimento". Ou seja: na luta para ampliar direitos (Bosco, citando o extremo racista estadunidense do sistema "Jim Crow": o "déficit de reconhecimento pode se manifestar em formas jurídicas... em leis que favoreçam determinados grupos em detrimento de outros") e afirmar socialmente identidades "minoritárias". Bem. Penso que aqui eu e Francisco Bosco começamos a nos afastar. De uma parte, apesar de considerá-lo fascinante, não tenho como aceitar quase nada das teses de Foucault, do eruditíssimo papo furado das "epistemes" à fantasia lítero-filosófica "hegeliana" sobre o desaparecimento do autor. E acredito ser verdade o que Richard Sennett diz num de seus livros, não me lembro agora se em *Flesh and Stone* ou *Together*, acerca da paranoia de Foucault sobre controles sociais, que só teria principiado a abandoná-lo quando ele começou a morrer. Em todo caso, a luta contra o "poder", na típica leitura de camadas sempre desdobráveis desenhada por Foucault, teria mesmo de se desembrulhar *ad infinitum*...

Quanto ao "déficit de reconhecimento", no campo dos marcos político-jurídicos, é coisa que ainda pode ter avanços, evidentemente. Mas as conquistas estão aí para quem quiser ver (os próprios identitários não querem, claro, ou vão enfraquecer seu discurso). Tanto para mulheres (lei Maria Penha, delegacias da mulher, campanhas nacionais contra violência doméstica e "feminicídio" etc.), quanto para negros e mulatos (no plano governamental, com o presidente Sarney criando a Fundação Palmares, cuja atuação suspeita gerou, em nosso presente, mais quilombos do que Zumbi seria capaz de sonhar, e as políticas públicas racialistas de Fernando Henrique Cardoso e Lula da Silva), expressando-se em "estatuto da igualdade racial", terras para quilombolas, tombamentos de terreiros de candomblé, cotas raciais em todo canto (menos na hora de escalar a seleção brasileira de futebol – por quê?), entre outras coisas. Mas o que quero sublinhar é o seguinte. Depois de se afirmar e de realizar avanços e conquistas notáveis, esses movimentos, que nasceram do respeito ao outro, passaram a tomar como inimigo justamente o outro. É feroz o combate de neofeministas e neonegros à outridade. A tudo que signifique diferença. Este é o ponto fundamental. Na peripécia política recente em torno do outro, andou-se (ou desandou-se), no Brasil, do reconhecimento geral à recusa específica. Este foi um dos caminhos para a prevalência atual do fascismo identitário.

3 | Caminhos para a cracolândia mental

POR ESTRANHO QUE PAREÇA à primeira vista, a base dos atuais catecismos identitários, no campo intelectual, está no cruzamento do pensamento pós-estruturalista francês (ou da chamada filosofia "pós-moderna", de um modo geral) e do que ficou ou restou, no mundo universitário norte-americano, da contracultura da segunda metade da década de 1960. Numa entrevista a Jordan Peterson, Camile Paglia investe contra essa leitura. O que ela diz é que o sentido de totalidade, de sensibilidade humana maior e mesmo de "consciência cósmica", característico dos anos sessentas, nada tem a ver com o reino do fragmentário e do fragmentado que vemos hoje, com o "neomarxismo universitário" norte-americano e seus identitarismos, que não só odeiam quaisquer dissensões, como representam uma maneira preguiçosa de esposar o multiculturalismo, sem de fato investigar e estudar as demais culturas. Ok. A contracultura foi aberta, democrática e libertária – e o identitarismo atual é unidimensional, sectário e violento, tratando de tentar calar seus críticos a qualquer preço, para impor uma voz única ao mundo. E é, por isso mesmo, situável no âmbito do fascismo. Mas, ao contrário de Camile, penso que a leitura está correta.

Lá atrás, no lastro do navio, entrelaçaram-se o pós-estruturalismo e o contraculturalismo, ambos sofrendo distorções e perversões que ninguém esperava (afinal, o que os brucutus semiletrados do identitarismo têm a ver com Foucault lendo Velázquez ou com os três dias de sexo, paz, amor e música do festival de Woodstock?). E este estranho casamento se plantou em terreno sólido e claramente delimitado: a recusa da racionalidade iluminista e da ciência moderna, quase sempre reduzida a uma de suas instâncias, a da ciência aplicada, tecnociência. No centro da cena, em última análise, o relativismo epistêmico. Mas vamos com vagar. A mentalidade "pós-moderna" se deixa caracterizar de fato, entre outras coisas, por sua recusa explícita ou implícita do Iluminismo. Em *Imposturas Intelectuais*, Alan Sokal e Jean Bricmont, ao elencar "aspectos intelectuais do pós-modernismo", apontam: rejeição da tradição racionalista do Iluminismo; discursos teóricos desconectados de qualquer teste empírico; fascínio pelos discursos obscuros (do ocultismo heideggeriano ao ocultismo lacaniano, por exemplo); relativismo epistêmico extremista implicando ceticismo com relação à ciência moderna; alto interesse em crenças subjetivas independentemente de sua verdade ou falsidade; relativismo cognitivo e cultural que encara a ciência "como nada mais que uma 'narração', um 'mito' ou uma construção social entre muitas outras"; ênfase em discursos e linguagem em oposição aos fatos aos quais aqueles discursos se referem — "ou, pior, a rejeição da própria ideia de que fatos existem ou de que podemos fazer referência a eles". E não nos esqueçamos de que, em *Michel Foucault ou o Niilismo de Cátedra*, José Guilherme Merquior, com a finura erudita de sempre, trata o filósofo francês não só como um neoanarquista, mas, também, como "o grão-sacerdote que oficiou as núpcias do anarquismo com a contracultura". Anota Merquior:

> O estruturalismo, como clima ideológico, fez o pensamento francês capitular ante o credo contracultural. Uma das bases da campanha contracultural foi a demolição 'crítica' da herança do Iluminismo. Michel Foucault desempenhou um papel fundamental nessa estratégia, pois devemos a ele o golpe final da investida contra o Iluminismo.

É correto falar da vigência histórica de uma certa postura anti-intelectual no conjunto da sociedade norte-americana. Fato que, aliás, não passou despercebido ao nosso Joaquim Nabuco, como se vê ao longo do registro que faz da influência que sofreu da cultura estadunidense, em *Minha Formação*: "A intervenção do grande pensador, do grande escritor, do homem competente, faz-se sentir na Inglaterra mais do que nos Estados Unidos, onde as massas obedecem a influências que não têm nada de intelectual e não têm apreço por nenhuma espécie de elaboração mental". A contracultura não destoou do quadro. Mas é também correto dizer que o anti-intelectualismo contracultural foi drasticamente seletivo. Pensadores como Herbert Marcuse e Norman O. Brown, por exemplo, tinham passe livre entre os "desbundados", ao lado de Allan Watts e Daisetz Teitaro Suzuki, filósofos e místicos do Oriente, representantes do esoterismo ocidental, porta-vozes das camadas marginalizadas da sociedade industrial, profetas de uma "nova era", antipsiquiatras como Ronald Laing e David

Cooper, etc. Enfim, figuras extraocidentais e párias e críticos do complexo civilizacional do Ocidente. A recusa da racionalidade e o cultivo do irracionalismo não eram feitos via subterfúgios ou meras insinuações, mas de modo explícito e muitas vezes vigoroso. Um belo *proverb of hell* do romântico inglês William Blake poderia ser a divisa do movimento: "Os tigres da ira são mais sábios que os cavalos da instrução". A disposição anti-iluminista, antirracionalista, era, portanto, um fato. Penso que, para a maior parte dos viajantes do contraculturalismo, a Razão era uma divindade absolutamente suspeita, devendo ser sumariamente destronada. Em seu lugar, a intuição e a emoção. A linguagem dos sentimentos. Coisas que, de resto, se vão desdobrar adiante no estranho e doentio sentimentalismo identitário, com sua rejeição de formas verbais que indiquem aspectos desagradáveis da vida e dos seres humanos, como feiura, deformidades, invalidez, incapacidades, aleijões, etc. – tudo à espera de uma boa terapia, psicanalítica ou não (mas isso não é comigo: *Davos sum, non Oedipus*). Além disso, a contracultura foi também relativista. Alargou o caminho de uma abertura extraocidental herdada do anarco-romantismo dos *beatniks*, que já haviam voltado sua atenção e sensibilidade para coisas como o budismo zen e ritos pré-colombianos de povos da mesoamérica, chegando inclusive a levar o poeta Jerome Rothenberg a se lançar às prospecções felizes de sua "etnopoesia", como vemos num livro como *Technicians of the Sacred*. Para completar o quadro, em direção ao identitarismo atual, a década de 1960 foi também momento de reemergência e avanço de movimentos sociais que pareciam submersos, como o dos negros e o das mulheres, e de outros que só então deram as caras, como o dos *gays*.

Mas não vamos avançar sem fazer um esclarecimento. Uma coisa é o relativismo antropológico clássico, crítica do etnocentrismo para melhor aproximação de outras culturas. Outra coisa é o relativismo pós-moderno, a absolutização absolutista do relativismo, por assim dizer, a fim de tentar retratar o exagero total da postura: uma coisa, para ser verdadeira, basta existir; os discursos só contam dentro de suas culturas; etc. Nada tenho a ver com esses relativistas radicais que hoje desfilam hegemônicos pelos bancos, parques e bosques dos *campi* universitários. De saída, porque relativismo antropológico sério, no meu entender, não exclui, em princípio, o embate ou confronto de teorias, ideologias e práticas. Enquanto o relativista pós-moderno (ou relativista cognitivo radical) defende que uma afirmação ou ponto de vista só pode ser considerado verdadeiro ou falso com relação a uma cultura particular. E no passo seguinte, por sinal, voltando totalmente as costas à lógica, desprezando-a, este mesmíssimo relativista não hesita em aplaudir ou aceitar culturas que se julgam superiores às outras. E isto veio a ser a base filosófica do identitarismo. Para resumir o que aconteceu, digamos que o caminho foi do relativismo antropológico a um ideologismo relativista. E, em seguida, a uma política do relativismo e a um ativismo relativista... Na frase irretocável da cientista política Emanuelle Torres, transformaram ativismo político em episteme. E aqui a discussão acaba. Porque o único argumento dos identitários, quando seriamente questionados, é de ordem moral. Ernest Gellner, em *Antropologia e Política (Revoluções no Bosque Sagrado)*:

Os relativistas tendem, de fato, a se apresentar completos, com auréola e tudo o mais, e a expor seu ponto de vista não apenas como solução de um problema, mas como símbolo de excelência moral.

E ainda querem me calar... em nome da liberdade. É paradoxal, cínica ou involuntariamente paradoxal, quando o fascismo se pretende travestir de libertário. Porque o que temos de fato, como veremos, é *apartheid* político, ideológico e cultural. Guetificação sistemática e sistemática louvação do gueto. Projeto de subjugar toda a sociedade aos ditames discursivos do gueto (e não me perguntem, no caso felizmente improvável de os guetos um dia triunfarem, qual deles iria prevalecer sobre os restantes – e como).

Convergência contracultural de relativismo, subjetivismo e movimentos sociais, portanto. Como se vê, temos cruzamentos e entrecruzamentos do pós-estruturalismo e da contracultura na parição de uma esquerda pós-moderna, que vai desembocar na agitação identitária. Agora, que do contraculturalismo marcusiano e do pós-estruturalismo à Foucault tenham brotado as plantas venenosas do identitarismo, é coisa que me faz lembrar o verso de T. S. Eliot, num dos poemas de *Prufrock* ("*Portrait of a Lady*", se a memória não me trai): *our beginnings never know our ends* – nossos começos jamais imaginam nossos fins. E isso vai tomar conta da esquerda cultural (ou "acadêmica") norte-americana, em terreno claramente contraditório. Por dois motivos, ao menos. Primeiro, porque Karl Marx, como Freud, orgulhava-se (e muito) de ser um herdeiro do Iluminismo. Segundo, porque a conversa de "pluralismo cultural" era coisa do *establishment* norte-americano em tempos de Guerra Fria. Falava-se disso como uma característica dos Estados Unidos, enquanto "sociedade aberta", *vis-à-vis* o mundo comunista. A esquerda a rejeitava. Em *O Fim da Utopia: Política e Cultura na Era da Apatia*, Russell Jacoby lembra que, por várias décadas,

> a ideia de pluralismo exalava conformismo político e anticomunismo típico da Guerra Fria. Uma nova geração de acadêmicos e críticos [*soi-disant* marxistas] passou a denunciá-la nos anos 1960.

De repente, a esquerda pós-moderna deu meia-volta volver, assumiu o que a direita norte-americana sempre quis que ela assumisse, rebatizou pluralismo de multiculturalismo e assim, de roupagem nova, a onda conquistou espaço antes impensável. Mas é também compreensível. A ênfase total na luta de classes levou os novos movimentos sociais a se afastarem do marxismo e, logo, da esquerda canônica, tradicional. Foram todos então gerar esta — e engrossar o caldo desta — esquerda pós-moderna, cultora do relativismo e do multiculturalismo, voltada novidadeiramente para combates particulares ou mesmo particularistas, não mais para o horizonte maior, "clássico", da transformação geral da sociedade e da construção de um mundo novo. Projetos revolucionários totalizantes ficaram para trás — restou apenas a vocação para o totalitarismo.

Mas é claro que um processo histórico tornou isto possível, como nos mostra a socióloga Lúcia Lippi em *Americanos: Representações da Identidade Nacional no Brasil e nos EUA*, recorrendo ao artigo "*What Price Correctness?*", de Robert Brustein, professor em Harvard. De acordo com Brustein, tudo começa com procedimentos para ampliar o espaço e melhorar a posição de grupos desfavorecidos dentro do sistema universitário norte-americano, numa movimentação que assumiu expressão slogamática no "politicamente correto". Lúcia Lippi, seguindo Brustein:

> A garantia de participação crescente de minorias produz como consequência a criação de novos departamentos, começando pelo dos negros e das mulheres e, agora, de qualquer minoria 'virtualmente' oprimida. Se isso produziu a politização *da* e *na* universidade... produziu, também, consequentemente, a queda do padrão de qualidade da produção e do ensino. Segundo Brustein, fabrica-se pesquisa para que se consolidem sentimentos de valorização e/ou supremacia racial. Manipulam-se fatos históricos com finalidades raciais. A multiplicação de áreas de estudo e de departamentos específicos torna os estudantes informados somente sobre aquele tema ou assunto. Gays aprendem a virtude de serem gays, mulheres estudam a discriminação por elas sofrida ao longo da história do Ocidente e assim por diante. [...]. Assim, o multiculturalismo, em vez de ser a fertilização de uma cultura por outra, torna-se o processo de promover um estilo de vida exclusivo. A ideia de qualidade torna-se 'politicamente incorreta' e passa a ser identificada como método conspiratório para manter a exclusão das minorias. Os que não concordam que cor e gênero determinam tudo passam a ser estigmatizados como racistas e sexistas [embora "sexistas" devessem ser chamados não estes pobres descrentes, mas quem vê a organização genital do corpo humano como uma espécie qualquer de *axis mundi*, desculpando-me aqui, desde já, por alguma eventual reverberação fálica da palavra *eixo*].

Vai-se então num crescendo de princípios e crenças cada vez mais estapafúrdios, materializando-se em ações que de fato realizam, embora talvez perversamente, a antevisão irônica de Jorge Mautner, dita e repetida nos tempos da contracultura, inícios da década de 1970: "Ainda iremos ver o surgimento de grupos em defesa dos direitos das lésbicas gordas canhotas, por exemplo". Mas tudo caminhando em direção à intolerância, que Mautner não previra — e, finalmente, ao fascismo. Com o passar dos anos, as coisas andaram de mal a pior. A tolerância política e ideológica foi simplesmente banida do meio acadêmico. Em resposta até atrasada a isso, foi que vimos surgir um projeto como a *Heterodox Academy*, fundada pelo psicólogo social Jonathan Haidt há uns cinco anos atrás. Parece brincadeira, mas o esforço de Haidt e de quem se foi juntando a ele, era (e é) para tentar tornar a universidade um lugar menos hostil à liberdade de pensamento e à livre circulação de ideias. Porque a situação criada pelo esquerdofrenismo identitário nos faz lembrar, diretamente, a violência dos estudantes comunistas chineses durante a Revolução Cultural dos tempos terríveis do maoismo. E toda essa onda liberticida norte-americana foi para cá transplantada, avidamente aceita pelo provincianismo tristetropical colonizado. Quase todo mundo aderiu. Virou febre, virou moda.

Como não raro acontece, o engajamento político e a militância conduziram a delirações, a esfumaçamentos e falsificações da realidade. Em *What Should the Left Propose?*, Roberto Mangabeira Unger falava da alienação das ditas "ciências humanas", justamente nesse contexto:

> Nas humanidades, o escapismo está na ordem do dia: a consciência vai passear numa montanha-russa de aventuras, desconectada da reconstrução da vida prática.

Anos antes, Russell Jacoby já chamava a atenção para a confusão mental dos *cultural studies* e a falácia maior do multiculturalismo. A celebração aberta e acrítica da cultura de massa (sintagma então rejeitado como pejorativo e elitista) e a supressão da dimensão sociológica das coisas foram marca registrada daqueles *studies*, tudo sob o signo do multiculturalismo, com sua multiplicação desvairada de "culturas" (esvaziando conceitualmente a expressão: se tudo é cultura, nada é cultura: cultura dos taxistas, cultura dos porteiros de prédios, cultura das mulheres seduzidas e abandonadas, cultura dos cantores de *jazz*, cultura das bichas de subúrbio, cultura dos leitores de publicações pornográficas, cultura das torcidas dos times da liga nacional de basquete, cultura dos pescadores de alto-mar, cultura das frequentadoras de salões de beleza, cultura dos filhos de *cowboys*, etc., etc.) e mesmo "nações". Jacoby:

> Multiculturalismo significa receber de braços abertos tudo que venha passando pelo pedágio da história; cada caminhão é considerado uma cultura, e alguns até são promovidos a 'nações', como a 'Nação das Bichas'. A questão é saber como o gênero ou a 'pan-etnicidade' vêm a constituir uma nova cultura, para não dizer uma nação. Sobre isto os autores não se pronunciam.

Nem poderiam: "Os que são excluídos por injustiças sociais ou étnicas não constituem necessariamente uma cultura diferente. O sofrimento não gera uma cultura". De costas para maiores (ou menores) cuidados conceituais, foram pipocando, sob capas de seriedade e profundidade, abordagens de coisas como o "pós-feminismo" em Madonna, Rambo e a vulnerabi-lidade do macho norte-americano, o significado dos créditos de abertura de um programa de televisão, a incrível profundidade de ser e estar num *shopping center*, etc. Jacoby:

> Críticos e acadêmicos renderam-se a uma lógica inexorável. 'Como todos os indivíduos são iguais, tudo que fazem deve ser igual', raciocinam. Fiéis a esta lógica, rejeitam a crítica da cultu-ra de massa como elitista.

Temas banais, sim, mas sempre em linguagem alambicada, reino da pseudocomplexidade da complicação. Falaram tanto de desconstrutivismo que já não acertam construir uma frase. Para completar, como bem disse o mesmo Jacoby, o proble-ma dos *cultural studies* não é a banalidade do objeto de estudo, mas a banalidade das análises, todas elas numa tão presunçosa quanto ridícula roupagem de transgressão, subversão e, como disse, pseudocomplexidade, alastrando a "tagarelice acadêmi-ca típica de nossa época".

Para fazer uma comparação, lembro que as "mitologias" de Roland Barthes focalizam até o filé com fritas como símbolo nacional francês, onde a banalidade é de assunto, nunca de lei-tura. No entanto, veja-se a leitura semiótica decodificadora do café da manhã norte-americano do professor Asa Berger em *Manufacturing Desire: Media, Popular Culture and Everyday Life*, citada por Jacoby. Berger analisa o café da manhã não como uma mera refeição, mas como um código. Jacoby:

> O autor rejeita como manifestações do código tanto a tempera-tura quanto as cores ou formas, desvendando afinal o segredo:

a transformação do sólido em líquido e vice-versa. Observando o típico *breakfast* americano, constata o professor: 'O suco de laranja é um sólido que se torna líquido. O café é uma bebida feita com um sólido, os grãos do café. (...). O açúcar é um sólido que se torna líquido e volta a se solidificar. Os flocos de milho são sólidos que se tornam líquidos e voltam a ficar sólidos. A manteiga é um líquido que se torna sólido. Os ovos são líquidos e se solidificam. Os outros produtos − pão, *bacon* e batatas − são sólidos que permanecem sólidos, ao passo que o leite e o creme são sólidos [já que as vacas comem grama] que se tornam líquidos'. Que conclusões tirar dessas observações? Os norte-americanos tomam o café da manhã para se transformarem, da mesma maneira que seus alimentos são transformados em líquidos ou sólidos. 'A mensagem do típico *breakfast* americano é disfarce e infindável transformação'. Quem sabe o professor Berger não poderia passar agora ao almoço?...

Parece piada, mas alarifagens subintelectuais desse teor se espalharam pelos *campi* do sistema universitário norte-americano. Espalharam-se, se desdobraram e foram importadas para cá, graças ao capachismo mental de nosso sistema universitário, incapaz de pensar por sua conta e risco, a partir de nossa própria realidade. E, em todos os seus galhos e esgalhos, a já mencionada supressão do sociológico se impôs. Inexistem classes sociais para subdisciplinas e discursos que se vão sucedendo em linhagem deliriosa. Como os *gender studies*, os *postcolonial studies*, etc., chegando enfim à *queer theory*, até hoje de manhã a caçula nesse terreno dos disparates, apressando-se a pretender anular a dimensão biológica em qualquer conversa sobre, vejam só, um assunto indestacável da biologia: a sexualidade humana... Ou, por outra, são os estudos onde se expressam os humilhados e ofendidos, os eternos marginalizados, oprimidos, etc. Todos reclamando por um lugar ao sol, mais espaços de poder e melhores empregos, com a complacência, a cumplicidade e o medo dos que se sentem culpados pelas desgraças do mundo. Não surpreende, por isso mesmo, que todas essas variantes de "culturas" escorraçadas, com seus representantes caprichando em retóricas revolucionaristas de essência desconcertantemente conformista, ratificadora do *status quo*, enfim, que todo esse agressivo chororô acadêmico seja hoje criticamente enfiado na mochila ou na prateleira dos agora chamados *grievance studies*, o que é perfeito. Porque o traço distintivo central de toda essa baboseira teorético-discursiva é a retórica da vitimização, com suas consequentes exigências de reparo material e amparo psicológico. E o que há é isso mesmo: rancor, ressentimento, ânsia "psi" por "reconhecimento". Ainda Jacoby: "A afirmação de que 'a falta de reconhecimento pode ser uma forma de opressão' soa como lenga-lenga psi, versão filosófica da conversa sobre autoestima aplicada às culturas". Não por outro motivo, é claro, embora em direção diversa, Emanuelle Torres, formada no horizonte sociológico das leituras de Pierre Bourdieu, chama corretamente a minha atenção para o fato de que os identitários constroem uma posição de "status" a partir dos discursos em que enfatizam e choram sua "inferioridade" social. Nesse caso, a autovitimização é um atalho para a autonobilitação na figura "heroica" do "oprimido".

O deperecimento do espírito intelectual, da vontade/capacidade de pensar um pouco mais a fundo da superfície mais superficial, é hoje um fato indisputável. No meio dessa turma da esquerda identitária, especialmente, contemplar, refletir e meditar são verbos em extinção. Ninguém está disposto a pagar qualquer tributo à dúvida ou ao questionamento de si mesmo. Confinam-se todos, por esta simples razão, à periferia mental da humanidade. Sei que há casos em que fazer comparações é coisa muito cruel, mas não resisto. Em seu livro hoje clássico, *A Filosofia do Iluminismo*, Ernst Cassirer nos mostrou brilhantemente que as heranças todas, que caíram nas redes do Iluminismo, se transfiguraram em novos e enriquecedores horizontes intelectuais. E então vejam como o nível das coisas pode simplesmente despencar. Da esquerda cultural norte-americana, em sua recusa do pensamento iluminista, o que devemos dizer, para ser justos, não pode ser diverso do seguinte: todas as heranças que a formaram foram por ela barateadas, distorcidas, estragadas e definitivamente empobrecidas, na sua redução a mero beabá de cartilha militante estrita e estreita, indo do semianalfabetismo ao fascismo. Em tela, a cracolândia mental do identitarismo.

4 | A racionalidade planetária

TEMOS À NOSSA VOLTA a barafunda barulhenta das exacerbações do relativismo, com toda a sua *palabrería* patafísica. E o regozijo diante de uma espécie de espiral inflacionária de verdades se erguendo de todos os cantos do mundo. Ou, como já disse antes, o êxtase obscurantista perante uma proliferação barroca de verdades que, para serem verdadeiras, bastariam existir. E seu complemento supostamente democrático, mas igualmente irracionalista: a verdade só é verdadeira dentro das fronteiras da cultura que a produziu. Para não falar da conversa fiada de "outras epistemologias", que é apenas tola. Existem certamente outras formas de conhecimento, a partir do âmbito da "lógica concreta" da *pensée sauvage* tão cara a Claude Lévi-Strauss ou de tantas cosmogonias arcaicas estudadas por Mircea Eliade, mas não outras "epistemologias", no sentido rigoroso do conceito. Não há nada, nos mundos culturais banto, iorubano ou tupinambá, por exemplo, que desenhe, mesmo nos termos mais sinópticos, o que se poderia propriamente tratar como um horizonte epistemológico. Em poucas palavras, a epistemologia é uma investigação sistemática a respeito dos obstáculos, dificuldades e impossibilidades que cercam a mente humana, quando esta se lança em busca do conhecimento objetivo da realidade que lhe é exterior. Logo, que nossos pós-modernos deem outro nome ao que pretendem dizer, não o de *epistemologia*. Outra coisa é que, toda vez que alguém me falou das tais "outras epistemologias", sempre me limitei a fazer uma pergunta singela — quais? —, sem nunca obter resposta. Por tudo isso, de resto, penso que Ernest Gellner está certíssimo, ao dizer que o pós-modernismo se entrega ao subjetivismo mais desvairado numa tentativa insana de expiar as culpas do colonialismo, que, afinal, experimentou sua "idade de ouro" entre as últimas décadas do século XIX e as primeiras do século passado, começando a decair na véspera mesma da década contracultural de 1960 — processo histórico que Geoffrey Barraclough, em sua *Introdução à História Contemporânea*, tratou nos termos de "A Revolta Contra o Ocidente", centrando-se em reações asiáticas e africanas à hegemonia europeia.

Não por acaso, procurando se ver livre do fardo colonialista e/ou expiar culpas, nossos pós-modernos trataram de tentar se afastar, por todos os meios possíveis e impossíveis, do que passaram a classificar, no mundo das ideias e condutas, como "eurocentrismo", onde se esforçam para encarcerar a racionalidade em geral e a ciência em particular, negando validez universal a qualquer teoria. E passaram a veicular, com insistência sintomática, a tese furada que quer identificar racionalismo e colonialismo, por um lado, e relativismo e libertarismo (não só de ex-colônias, como de mulheres e de pretos), por outro, argumentando que o relativismo não guardaria qualquer vínculo com a dominação cultural, desde que trata todas as culturas (e "minorias") em pé de igualdade, embora, muito contraditoriamente, aplaudindo e aprovando culturas que se julgam superiores às demais. A propósito, lembro aqui que já fui furiosamente acusado de "eurocentrista" por um militante acadêmico (um racialista neonegro) que, para tentar comprovar a correção do seu xingamento, recorreu aos bons préstimos de Michel Foucault. E Foucault, todos sabem, é um conhecido filósofo bakongo do século XIII, que, para lembrar livremente a deliciosa frase de James Joyce, compôs sua vasta obra muito antes que a mão europeia botasse os pés em terras negroafricanas... Além disso, "eurocentrista" é expressão que deveria queimar a língua de identitários e relativistas, desde que não só não existe uma cultura europeia homogênea, como o antigo mundo greco-romano ultrapassou, em muito, fronteiras do continente europeu, abarcando a África do Norte e fatias consideráveis do Oriente Médio, para alcançar, inclusive, o Afeganistão. Mais: se o relativismo extremado de hoje fosse levado às últimas consequências, o que lhe restaria a não ser o silêncio? O ultrassubjetivismo pós-moderno é um convite a isso (embora sua expressão política, o identitarismo, seja ruidista e cacofônica). Afinal, se toda verdade é verdadeira, se toda verdade é indestacável de uma cultura e se todo critério ou ponto de vista também é apenas expressão de uma configuração cultural particular, como falar de outros mundos antropológicos? Se todo conhecimento está severamente condicionado e comprometido pela cultura do conhecedor, não seria mais razoável, então, que este se limitasse a falar somente de si mesmo, deixando os outros em paz? Ainda: se o relativista radical relativiza até a si próprio, enquanto sujeito de qualquer observação, como levar a sério suas autoanálises ou autoconfissões? Ou, lembrando a pergunta de Gellner, em *Antropologia e Política*:

> se a verdade só pode existir internamente a uma cultura e às suas normas, em que vazio interestelar ou intercultural nosso relativista articula seu ponto de vista?

No entanto, eles têm horror ao silêncio. Não só relativistas escrevem sem cessar textos empoladíssimos ("As metarreflexões sobre a crise das representações... assinalam uma mudança... em direção... a um interesse pelas... metatradições das metarrepresentações", não vacila em escrever Paul Rabinow, citado por Gellner, que não resiste ao comentário: quantas "metabobagens"...), como ativistas identitários falam para caramba — e o tempo todo. Com um discurso que, no mais das vezes, se resume ao seguinte: se você não concorda comigo, você é fascista ou coisa pior. Cena em que, sob a fantasia do libertário, tenta se ocultar, em vão, o liberticida.

Defender que a ciência é apenas um texto entre muitos outros textos, válido apenas em seu próprio âmbito cultural, é pura e simples confusão mental. Obscurantismo — intencional ou não. Claro. É perfeitamente possível considerar a criação mitopoética da humanidade como um bem muito mais valioso do que a criação científica. O que não podemos é tratá-las como se, no fundo, fossem a mesma coisa. Meras "narrativas", quem sabe até intercambiáveis. Não, não devemos perder a sensatez e a clareza — e deixar de fazer distinções elementares. A teoria da relatividade e o mito indígena do Jurupari (mito *baníwa* legitimador da dominação sexual masculina que, por sinal, é citado no *Dorian Gray* de Oscar Wilde) decididamente não pertencem a uma mesma ordem de coisas. Os físicos Sokal e Bricmont, por sinal, se dão ao trabalho de explicar didaticamente o que distingue a ciência como discurso específico, com relação ao universo geral das espécies discursivas.

> Primeiramente, existem alguns princípios epistemológicos gerais (basicamente negativos) que remontam pelo menos ao século XVII: desconfia-se de argumentos aprioristicos, da revelação, dos textos sagrados e dos argumentos de autoridade. Além do mais, a experiência acumulada durante três séculos de prática científica propiciou-nos uma série de princípios metodológicos mais ou menos gerais — por exemplo, repetir os experimentos, usar controles, testar os medicamentos segundo protocolos absolutamente imparciais — que podem ser justificados por argumentos racionais. No entanto, não afirmamos que esses princípios possam ser codificados em definitivo nem que essa lista esteja completa. Em outras palavras, não existe uma codificação acabada da racionalidade científica; e duvidamos seriamente de que possa vir a existir. Afinal de contas, o futuro é, por sua própria natureza, imprevisível; a racionalidade é sempre uma adaptação a situações novas. Apesar disso — e esta é a principal diferença entre nós e os céticos radicais —, achamos que as teorias científicas bem estabelecidas são em geral sustentadas por bons argumentos, embora a racionalidade desses argumentos precise ser analisada caso a caso.

Pessoalmente, posso preferir Cervantes, Melville ou Joyce a Newton ou Heisenberg e Schrödinger (e seu pobre gato), mas o fato é que nem o *Fausto* nem a astrologia ou o *I-Ching* constroem seus discursos recusando princípios apriorísticos ou realizando e repetindo experimentos, segundo esta ou aquela epistemologia, este ou aquele método. Sempre que me vejo discutindo essas coisas, aliás, uma pergunta muito simples me vem invariavelmente à cabeça: por que o relativista pós-moderno, ao ser atingido por um AVC (acidente vascular cerebral), procura um neurocirurgião e não um xamã ou um babalorixá? Não é tudo a mesma coisa? Não: a verdade, como costumava me dizer um amigo, é que não se cura câncer com chá de erva-doce. E não me esqueço do geneticista Eli Vieira, numa entrevista que circulou nas redes sociais:

> Você pode se pavonear de entendido e dizer que a ciência é só uma narrativa entre várias igualmente boas, que verdade é poder, que quem fala em 'verdade' é positivista antiquado. Mas, quando é acusado de um crime que não cometeu, quer que a verdade objetiva venha à tona, quer que a investigação seja imparcial, neutra e melhor que meras narrativas fictícias.

Mas vamos em frente. E aqui sublinho: quem detona de vez o relativismo epistêmico ou cognitivo — com uma argumentação a um só tempo clara, densa e objetiva — é o já citado antropólogo Ernest Gellner, em *Postmodernism, Reason and Religion.* Lembrando que os grandes conflitos intelectuais registrados na história sempre tenderam a ser binários, gerando divisões regionais ou polarizações planetárias, Gellner chama a atenção para a inédita "situação triangular" que caracteriza a nossa época, em matéria de fé. Em vez do choque de dois grandes blocos ideológicos, o que temos hoje é uma contenda entre três posições irredutíveis, condensadas no fundamentalismo religioso, que crê na verdade única e se acha de posse dela; no relativismo cognitivo pós-moderno, que renega a ideia de verdade única, mas trata como verdadeira toda e qualquer concepção particular da verdade; e no que ele mesmo classifica como "racionalismo ilustrado", postura que acredita na existência de uma verdade única, mas defende que nenhuma sociedade ou cultura chega a possuí-la em definitivo — vale dizer, é o campo não do dogma, como no caso do fundamentalismo religioso, mas o dos partidários da busca permanente da verdade, pautada por uma "lealdade a certas regras de procedimento".

Deixando de parte o fundamentalismo religioso (que hoje se expressa, principalmente, em sociedades muçulmanas) e as fantasias e extravagâncias do relativismo pós-moderno, Gellner observa que a racionalidade moderna fundou um estilo cognitivo transcultural — e tão poderoso que todas as demais culturas aderiram a ele. Esta é a questão central. E que não pode ser reduzida a mero "colonialismo" ou "dominação branca", como pretende o sub-romantismo político-acadêmico de nossos dias. Pelo contrário: é este sub-romantismo que deve ser intelectualmente desmontado. Porque estamos agora diante de um dos mais falazes e ridículos de todos os determinismos: depois do determinismo biológico, do determinismo climático, do determinismo econômico, do determinismo-etc., apareceu por fim o *determinismo cultural* de pós-modernos, identitários e similares. Como bem situou a questão José Guilherme Merquior, logo no segundo parágrafo da "apresentação" de seu livro *The Veil and the Mask — Essays on Culture and Ideology*:

A RACIONALIDADE PLANETÁRIA   55

Nestes tempos de feroz irracionalismo e de crescente investida (da esquerda e da direita) não apenas contra o cientificismo, o mito da ciência, mas contra a própria ciência, o destino da legitimidade cognitiva dentro da cultura contemporânea tende a tornar-se a preocupação central de todos os que acreditam na objetividade do conhecimento científico, e que se importam com isso. Na observação vigorosa de Pietro Rossi, estamos diante de um novo julgamento de Galileu, à medida que aumenta o número dos que, deliberadamente ou não, parecem preferir a maçã de Adão à de Newton.

E, como também me inscrevo modestamente na liga dos que incorrem no pecado político-cognitivo de buscar objetividade e clareza, só posso concordar, assinar embaixo e tocar o barco.

Gellner lembra que a grande tradição epistemológica do pensamento ocidental sustentava que, para chegar à racionalidade teórica, o sujeito precisava se desvencilhar da cultura em que foi criado: "O caminho para a verdade passava por um exílio cultural voluntário". Descartes identificava a cultura como fonte do erro. Era preciso se desprender dela. Transcender o círculo de ferro de uma cultura particular a fim de instaurar uma racionalidade de validez universal, abrindo-se como possibilidade para todo o planeta. Foi o que a ciência moderna — mais precisamente: a ciência natural — fez. É fácil verificar isso em seus princípios e em seus produtos práticos. Daí que Gellner diga que, intelectualmente, o fato mais espetacular do mundo em que vivemos "é que o conhecimento real e transcultural existe". Satélites, computadores, robôs, pesticidas, ultrassonografias e testes de DNA funcionam em qualquer ponto ou parte do planeta, sem tomar conhecimento de contextos socioantropológicos ou de circunstâncias ambientais. Até o gorduchinho narcisista e amalucado da Coreia do Norte, além de ter cabeleireiro particular, fabrica mísseis. E há muito tempo esta ciência deixou definitivamente de ser "branca, ocidental". Hoje, ela é planetária: alemã, russa, chinesa, indiana, etc. Podemos não gostar. Podemos achar que teria sido melhor para tudo e para todos que tivéssemos estacionado em tempos paleolíticos, num mundo anterior à revolução agrícola e à expansão das cidades. Mas não há como negar que os produtos da ciência funcionam universalmente, em dimensão transcultural. Podemos também criticar, como nos dias da contracultura: a ciência, que sabe muito bem fazer napalm, não sabe que destino dar a todo o lixo que produz. E aqui, por sinal, flagramos uma limitação: de fato, a crítica à ciência é, quase invariavelmente, crítica a apenas uma de suas faces: a ciência aplicada, a tecnociência, a tecnologia.

Fechou-se assim o círculo cartesiano. A ciência se descolou das culturas, descolou-se do social. Funciona livre de amarras particulares e particularizantes. Em contrapartida, como bem lembra Gellner, a sociedade e a cultura deram o troco. Configuram o único espaço em que a racionalidade, o novo estilo cognitivo do mundo, não consegue dar as cartas. Se ela não deve satisfações a sociedades e culturas, atravessando-as com desenvoltura, estas também não se desvelam inteiras ao seu avanço. A racionalidade, com todo o seu poder transcultural, como que esbarra aí. Gellner:

> ...se observamos a diversidade das atividades humanas, este grande poder só parece funcionar de verdade em certos campos

– ciências naturais, tecnologia. Em outras esferas – por exemplo, na compreensão da sociedade e da cultura –, sua aplicação elevou sem dúvida nosso nível de informação e de sofisticação, mas dificilmente alguém se sente tentado a falar de uma revolução vertiginosa, dessas que transformam os próprios pontos de referência dentro dos quais vivemos nossas vidas.

E talvez esteja aí mesmo, prossegue Gellner, um dos fatores que atraem tanta gente para os campos minados do irracionalismo e do relativismo pós-moderno e identitário. O sucesso deste residiria, assim, na promessa de uma explicação desta incapacidade científica ou de um remédio para ela. Ou, ainda, na promessa de substituição da aspiração de aplicar a ciência ao ser humano social, ao *zoon politikon*, por uma outra aspiração mais sedutora e menos sujeita a frustrações, malogros e fracassos.

Outro ponto a ser vivamente negritado, como sublinha o mesmo Gellner, é que a assimetria ou desigualdade entre estilos cognitivos, patente com a poderosa projeção planetária da racionalidade científica, "*não* gera uma hierarquia de povos e culturas". Pelo simples motivo de que ela não está enraizada no – nem é subproduto do – equipamento genético de uma população específica. Uma grande assimetria cognitiva se produziu na história humana – ou, por outra, um abismo intelectivo fendeu modernamente o mundo mental da nossa espécie –, mas isto "não tem absolutamente nada a ver com nenhuma glorificação racista, ou qualquer outra, de um segmento da humanidade sobre os demais". O que desequilibrou a antiga simetria de tempos pré-modernos foi um estilo de conhecimento e sua aplicação prática, não uma categoria de pessoas ou determinado tipo de gente. É evidente, como diz nosso antropólogo, que este novo estilo cognitivo teria de nascer em algum lugar, mas não está preso a nenhum contexto social ou cultural. Pelo contrário: é acessível a toda a humanidade. Dois fatos mostram fácil e inquestionavelmente esta autonomia da racionalidade com relação a contexturas ambientais e histórico-antropológicas. De uma parte, basta lembrar que o lugar onde o novo estilo se formou, o primeiro país científico-industrial de que se tem notícia, não se acha atualmente no topo da produção científica do mundo — até pelo contrário, caminha devagar e está situado numa zona apenas intermediária do *ranking* internacional. De outra parte, a universalidade do novo estilo de conhecimento fica patente de modo imediato quando pensamos, por exemplo, no panorama científico atualmente imperante em países como a China, que, como não há quem ignore, longe esteve de ter sido o berço da nova viagem mental, mas hoje se move com extremo vigor e criatividade nos campos da física, da química e da engenharia genética.

Mas chega de exemplos. Claro está que o pós-modernismo não passa de mais uma moda político-cultural efêmera, assim como a febre de *cultural studies* e quejandos, o "politicamente correto", os identitarismos. Mas, até ser deixada para trás e ser substituída por outra moda, terá causado um tremendo estrago. Daí que eu repita, seguindo Gellner: "quanto antes termine esta insensatez, tanto melhor". O lamentável é que tudo isso parte de bases justas ou perfeitamente justificáveis. A opressão masculina, os preconceitos e discriminações raciais, certas perversões no campo da linguagem, etc., são coisas que merecem o nosso mais vivo combate. Do mesmo modo, o relativismo cultural brota de dilemas profundos no pensamento e na prática de quem se dedica à antropologia, no seu sentido maior de discurso sobre a humanidade. O problema é que, em meio a militâncias político-acadêmicas, ainda estamos patinando em pleno estágio do "esquerdismo" (no sentido leninista da expressão, isto é, tempos de "doença infantil"). E o relativismo extremista pós-moderno, que Gellner define como uma "histeria da subjetividade", é também uma hipertrofia absurda e abstrusa do relativismo antropológico clássico. Uma construção engenhosa e perigosamente enganadora, paratareira e prejudicial. Um aluamento obscurantista.

5 | Abolição da história e das classes sociais

VAMOS NOS APROXIMAR AQUI de duas das características centrais dos devaneios ideológicos do identitarismo: o congelamento da história e a abolição das classes sociais. No primeiro caso, afirma-se, por exemplo, que o desequilíbrio entre os sexos instaurou-se na origem mesma da história da espécie humana e se perpetua até hoje essencialmente nos mesmos termos. É "estrutural", nesse sentido. No segundo caso, topamos com o tal do "neomarxismo" acadêmico, que aposentou a luta de classes do velho materialismo histórico para, em seu lugar, colocar supostos antagonismos étnicos e sexuais, mas sempre em modo maniqueísta, identificando o opressor ao mal e o oprimido ao bem. Um prolongamento bem distorcido, portanto, do que havia em Marx de mais entranhado e profundo judaísmo. Enquanto o herdeiro do profeta Isaías discursava sobre ricos e pobres (e Cristo, o ungido, menos infielmente traduzido, teria dito que era mais fácil um camelo entrar no cu de uma agulha do que um rico no reino dos céus), sua longínqua descendência espúria fala, insistente e angustiadamente, de sexos e cores.

É muito curioso: para tentar se legitimar política e intelectualmente, o identitarismo reclama a partir de um solo histórico. Da sina dos excluídos e pisoteados desde as primeiras luzes da peripécia planetária da humanidade. Mas, no momento mesmo em que este solo começa a se mover, a solução encontrada é fechar os olhos, fazer de conta que nada está acontecendo, esquecer que a história existe. Afinal, qualquer transformação histórica, social ou cultural pode detonar a base em que se assentam seus discursos e, consequentemente, suas fontes de sobrevivência e financiamento. Vejam o discurso das *radfems*, as feministas radicais ou "puritanas fanáticas", como Camile Paglia as define. Tudo se constrói aqui como se a relação homem/mulher fosse não um processo de arranjos mutáveis no tempo e no espaço, mas coisa da *Urgeschichte*. Coisa dada de uma vez e para sempre desde a abertura mesma da história prístina ou primordial da humanidade. Uma espécie qualquer de grande e estranho achado arqueológico se projetando inusitadamente para a eternidade, à maneira daquele monólito de *2001 — a Space Odissey*, o filme de Stanley Kubrick. Poderíamos até nos lembrar, se desejássemos elegantizar esta estupidez semiletrada, da maravilhosa *"Ode To a Grecian Urn"* de John Keats (*"Thou still unravish'd bride of quietness..."*), se logo no verso de abertura o poeta não contrariasse o desejo ansioso do estupro pré-histórico, tão enfaticamente indigitado por estas feministas, que acreditam que a curra se repete invariavelmente, até aos dias de hoje, sempre que uma mulher alarga suas pernas em direção a um homem. Porque é assim: o que para nós é história, vida em movimento, para elas é *paralysis*, cena definitivamente cristalizada, congelada num *freezer* ideológico, como se não existissem o passar dos anos, dos séculos, dos milênios. Como se não existisse o presente. Já que o futuro deverá ser a destruição da cena primordial que se perpetua intacta há milhares e milhares de anos. Quando a história existe, para o feminismo neonegro, ela se congela na cena traumática original da escrava preta violada pelo senhor branco. E, a partir daí, deixa também de existir. Tudo é violação, o eventual leitor ou leitora não deixará de ter notado. E nem mesmo tenho ideia de como estas feministas lidam com aquele — tão espantoso, quanto comum — acidente chamado "amor" (*un accidente... ch'è chiamato amore*), de que nos fala o poeta medieval italiano Guido Cavalcanti, numa das suas mais belas canções. Ou o amor, atando em funda profundidade uma mulher e um homem, não passa de mais um truque masculino para ludibriar e subjugar fêmeas? John Lennon canta "*woman is the nigger of the world*" apenas como expediente cínico para dominar a pobre da Yoko Ono? E o que quer Bob Dylan celebrando Sara, o grande amor de sua vida (*radiant jewel, mystical wife*), contando inclusive que passou dias num quarto do lendário Chelsea Hotel, em Nova York, só para fazer uma canção para ela, "*Sad-Eyed Lady of the Lowlands*"?

Deixando "isso" de parte, é em consequência da anulação neofeminista da história que Francisco Bosco observa que, para as *radfems* norte-americanas,

> vivemos em regimes patriarcais que configuram relações tão intensas de dominação da mulher pelo homem que *toda* a experiência da heterossexualidade é abusiva, violenta, ilegítima, imoral. Sob esse jugo estrutural inescapável, a mulher

não tem autonomia. Desse modo, a relação com o seu desejo, bem como a manifestação deste, no contexto da experiência heterossexual, é sempre problemática, instável, suspeita. 'Consentimento' [diferentemente de Bosco, prefiro a palavra *tesão*; ao contrário do que dizem as neofeministas alemãs, não acho que "*Konsens ist sexy*"], o termo que em princípio deveria servir de linha divisória entre práticas sexuais legítimas ou ilegítimas, aceitáveis ou criminosas, é anulado como tal, já que suas condições de fundo são elas mesmas ilegítimas. Ora, se se perde a referência do consentimento, não há diferença fundamental entre um estupro e uma relação heterossexual realizada, acreditava-se, em comum acordo.

No entanto, a história anda, *eppur si muove*, no dizer do velho Galileu Galilei. E Bosco prossegue:

Deve-se ainda questionar a pertinência descritiva da imagem da mulher destituída de autonomia: até que ponto ela corresponde à realidade da experiência da mulher em sociedades democráticas contemporâneas, pós-revolução sexual, com as mulheres em massa no mercado de trabalho (em que pesem as discriminações salariais e outras assimetrias, sem dúvida existentes), podendo legal e moralmente exercer a sua sexualidade da forma como bem entenderem? Até que ponto o desequilíbrio vigente nas sociedades patriarcais compromete a autonomia desse exercício? Retroagindo ao fundamento: até que ponto as sociedades democráticas contemporâneas são patriarcais?

Bosco então se vê obrigado ao acacianismo:

Da narrativa bíblica do Gênesis, em que a mulher é declarada, pelo homem inaugural, como 'osso dos meus ossos, carne da minha carne' (parte dele, logo posse dele), até às democracias modernas pós-1960, muita coisa mudou.

Numa troca de *e-mails* comigo, comentando uma versão anterior deste ensaio, Fernando Coscioni, embora discorde da postura geral de Bosco, com ele concorda totalmente neste ponto. Lembra que, na supracitada entrevista a Peterson, Camile Paglia

fala da necessidade de ensinar história comparada para os estudantes identitários. O fato de que eles enxergam a realidade social e a história como uma guerra entre grupos, com os identitários sempre sendo os 'oprimidos', tem a ver, e muito, com esse desconhecimento básico de sequências históricas mais longas. Um exemplo disso é a insistência das feministas radicais ianques — e de algumas brasileiras também — de que a sociedade ocidental é marcada pela 'dominação patriarcal'. Se elas conhecessem história, saberiam que a civilização ocidental, que elas tanto odeiam, é provavelmente a única na história na qual as mulheres têm todas as liberdades de um homem. É fácil dizer que o Ocidente moderno é um antro de repressão sem compará-lo com outras sociedades. As *radfems* nunca comparam o Ocidente com outras sociedades quando vão condená-lo, porque, se elas compararem, a narrativa da 'opressão patriarcal' entrará em colapso com o primeiro exercício mais elementar de história comparada. Imagine, será que as mulheres eram mais livres na sociedade tupinambá ou asteca do que são hoje nos países ocidentais? Será que elas são mais livres naquelas 'maravilhosas' culturas africanas que arrancam brutalmente os seus clítóris do que nos EUA 'capitalista', 'patriarcal' e 'opressor'? E o mais curioso é o que vem acontecendo na Europa, continente no qual as feministas, ao mesmo tempo em que denunciam o 'patriarcado ocidental' passam pano para o machismo acachapante do islã, só porque o islã é a religião do 'outro', do 'oprimido', e não faz parte do *mainstream* 'católico-patriarcal-ocidental-heterossexual-opressor' do Ocidente, que é a 'encarnação de todo o mal do mundo'. Sobre isso, recomendo muito o livro *Herege*, que conta a história da Ayaan Hirsi Ali, uma mulher somali que fugiu de um casamento arranjado em seu país, se refugiou na Holanda, e quando chegou lá descobriu que não poderia falar mal da opressão do islã sem sofrer ríspidas represálias das mulheres mimadas da esquerda identitária que não fazem nem ideia do que é passar o que ela passou na mão do fundamentalismo islâmico.

Desta perspectiva, podemos traçar um paralelo até meio escroto — e dizer que as tais feministas puritanas vivem de reminiscências, como as pacientes histéricas de Freud e Breuer. No polo oposto, veja-se o já célebre manifesto das 100 francesas, estrelado por Catherine Deneuve, que explodiu como uma bomba arrasa-quarteirão no meio do arraial neofeminista norte-americano, com seus discursos provincianos e posturas reacionárias, primando pelo obscurantismo repressivo. Não era para menos. Esse neofeminismo (incluindo-se aqui aquelas mulheres variavelmente alopradas do movimento *Me Too*, que tentaram em vão ressuscitar a farsa do processo de Mia Farrow contra o cineasta Woody Allen) é uma degeneração grotesca do feminismo original da contracultura, na década de 1960, cujo libertarismo espalhou-se então por quase todos os cantos do mundo. E sob o signo da "revolução sexual", que hoje horroriza o neofeminismo puritano, fundado no combate ao desejo e na repulsa ao sexo heterossexual. É impressionante a degringolada. E justamente nos Estados Unidos, que nos deram a linha de frente do feminismo revolucionário daquela época. O que foi libertário, na contracultura, agora se fecha em puritanismo pétreo. Em aversão ao corpo, aos jogos amorosos, à exuberância narcísica, aos prazeres sexuais. Enfim, a disposição revolucionária multicolorida acabou gerando seu avesso: o puritanismo mais cinzento.

Lembro-me de Lyn Lofland, a socióloga norte-americana, autora de livros como *A World of Strangers* e *The Public Realm*. Em seus estudos, Lyn, na linha das melhores reflexões da ativista e teórica Jane Jacobs, observa que a sociologia urbana (ostentando Friedrich Engels como seu *founding father*, pelo belo estudo manchesteriano) foi contorcida e lacunar, ao falar da presença da mulher nos espaços públicos das cidades ocidentais que estudava. Sua ótica incidia, com ênfase excessiva, no perigo. Trazia para o primeiro plano não a atuação da mulher na cidade, mas o assédio sexual. Lyn não nega a prática do assédio, obviamente, mas acha que ela foi superestimada pelos sociólogos, numa visão exagerada dos espaços públicos como áreas de risco para as mulheres, contribuindo inclusive para enfraquecer a presença feminina em tais territórios. Hoje, o que vemos é a exacerbação extrema do quadro. É claro que temos de combater o assédio sexual. É evidente que, como na canção de Luiz Melodia, uma mulher não deve vacilar. Mas é preciso um mínimo de sensatez. Imbecilidade querer fazer de um olhar luminoso, de uma frase deliciosamente cheia de malícia, ou de uma bela cantada amorosa, equivalentes de vulgares e ásperas agressões sexuais. Um olhar não é um estupro. Um longo e modulado assovio, saudando um belo par de coxas que se movem graciosamente ao ar livre, cabe muito mais na conta do elogio poético ao erotismo muscular das fêmeas do que no rol das agressões rasteiras. A não ser aos olhos desse atual feminismo fundamentalista, tipo "estado islâmico", que acaba de braços dados com o que há de pior no neopentecostalismo "evangélico". Coisa para aiatolá nenhum botar defeito. E as manifestantes francesas, inteligentes e requintadas, tocam nos pontos certos. Denunciam que, depois da fogosa revolução sexual da contracultura, o neofeminismo puritano quer converter as mulheres em figuras de museu de cera. E vão ao grão da questão: seu inimigo principal, mais do que o homem, é o desejo. "Como mulheres, não nos reconhecemos neste feminismo que, além de denunciar o abuso de poder, incentiva o ódio aos homens e à sexualidade", diz o manifesto. E ainda:

> Essa febre de enviar 'porcos' ao matadouro, longe de ajudar as mulheres a serem mais autônomas, serve realmente aos interesses dos inimigos da liberdade sexual, dos extremistas religiosos, dos piores reacionários.

Nada mais certo. É a degradação final dos avanços sociais da década de 1960. Assim como a luta contra a discriminação racial veio a dar no racifascismo neonegro, a luta pela igualdade entre os sexos encalhou nesse feminismo ao mesmo tempo rubramente belicoso e palidamente assexuado, ou confinado ideologicamente a navegações lésbicas. É o naufrágio nas águas grossas e turvas dos movimentos identitários. Hoje, paradoxalmente, todo "neo" parece condenado a ser sinônimo de retrocesso. E com sucesso de crítica e público:

cresce a cada dia, nos meios mais letrados, o número de babacas que acham que o tesão masculino em mulheres — o desejo heterossexual pelo corpo feminino — é o caminho mais curto para o tal do "feminicídio". Felizmente, nem todos pensam assim. Ainda há quem aplauda o poeta romântico inglês William Blake, em *The Marriage of Heaven and Hell*: "A nudez da mulher é a obra de Deus". E notem, na frase, a importância do artigo. Blake não o suprime (o que daria em "a nudez da mulher é ... obra de Deus"), nem o emprega como indefinido ("a nudez da mulher é 'uma' obra de Deus"). Não: é artigo — e é definido: "A nudez da mulher é a obra de Deus". Em inglês: "*The nakedness of woman is the work of God*". E essa turma, como já estamos vendo, quer abolir não só a história, como as classes sociais e a variabilidade antropológica da humanidade. Em seu discurso, todo branco é igual e todo homem é idêntico. Não há diferença entre Stálin e Dorival Caymmi. É ridículo. E o mais grave, insisto, é que esses identitários se fecham como adversários furiosos da diversidade, desfechando um combate feroz e sem tréguas à outridade, feito loucos desejosos de banir da face da Terra quem discorda de seus dogmas. São a encarnação da intolerância. E, por isso mesmo, inimigos da verdadeira vida democrática.

Mas a paisagem é esta: os identitários parecem não conseguir (nem desejar) se desprender do desenho da caverna onde seus pares arquetipais foram um dia fixados. Não aceitam sequer a ideia de se descolar da cena traumática inaugural. Estão lá, enfeitiçados, extraídos dos processos do mundo, congelados *in illo tempore*. E o que é ridículo: acham que, com este recurso retórico-ideológico, estão falando do dia a dia de todos nós.

Ao contrário, essas duplas primitivas, disformes — o Branco e o Preto/o Homem e a Mulher — mais sugerem uma caricatura binária da idade dos gigantes de Giambattista Vico. E em nome dessa opressão primordial, que se projeta enorme no tempo para marcar cada um de nossos passos ainda neste século XXI, vão acumulando argumentos, proposições e narrativas algo hilariantes. É por aí que vem, por exemplo, a tese desatinada ou inconexa da "solidão estrutural" da mulher negra, em comparação com brancas e amarelas (ruivas, não sei) — "solidão" que, presumo, se circunscreva ao *campus*, ao gueto universitário, entre rictos de acadêmicas hirtas, já que as fêmeas pretas que conheço desconhecem isso, andando por aí felizes da vida, entre praças e esquinas, com seus maridos, mulheres, amantes, namorados, namoradas, paqueras, etc. No âmbito dessa "luta ideológica", por falar nisso, a mixofobia do feminismo neonegro gerou uma gíria racista para ridicularizar e estigmatizar pretos que se envolvem sexual e/ou amorosamente com brancas, aprofundando assim o martírio daquela "solidão estrutural". São os chamados "palmiteiros", isto é, os "comedores de palmito" (que é branco). Apenas para ilustrar, lembro que "palmiteiros" teriam sido, entre muitos e muitos outros, Machado de Assis, Abdias do Nascimento, Mestre Didi (assim apelidado por Jorge Amado) e Luiz Melodia, para não falar de nomes em plano internacional. E agora o combate aos palmiteiros se soleniza em guerra à miscigenação, considerada "genocídio", em falações que só podemos entender como discursos em defesa da implantação de uma política de pureza racial no Brasil. Ora, se o que está em questão é o "genocídio" palmiteiro, o antropólogo Peter Fry aviva a memória:

Se fosse assim, teríamos que condenar por genocídio nada menos que Eduardo Mondlane e Seretse Kama, dois dos mais destacados e honrados libertadores da África que se casaram e tiveram filhos com mulheres brancas.

Mas não para aí. Contra os "palmiteiros", nossas feministas neonegras levantam a bandeira de um tal "amor afrocentrado", que é a denominação atual de currais para confinar machos pretos, a fim de amenizar a tal da "solidão estrutural" das universitárias pretas e impedir a praga das fodas interétnicas.

Ora, crimes e absurdos têm de ser combatidos, mas não com amontoados de disparates tantas vezes racistas. O fanatismo é incapaz de entender uma coisa bem simples. Quem é contra o obscurantismo repressivo não é automaticamente a favor do estupro. E o pessoal neonegro peca pela mesma cegueira: se você discorda de algum mandamento do movimento, reagem como se você defendesse o fuzilamento sumário de jovens pretos em favelas e bairros da periferia proletária. Mas tratar as coisas assim ou é manipulação fascista ou é primarismo de debutante mental. Em contraposição, vejam, por exemplo, o trecho seguinte de um texto escrito pelo psiquiatra e militante revolucionário negro Frantz Fanon, nascido na Martinica. Compare-se o que há de raso e rasteiro no racialismo neonegro brasileiro com o que pode haver eventualmente de denso e profundo em Fanon, lendo ou relendo esta passagem altamente significativa do livro *Pele Preta, Máscaras Brancas*, que aqui traduzo:

> Eu sou um homem e o que tenho é de me haver com o passado inteiro do mundo. Não sou responsável apenas pela escravidão

em Santo Domingo. Toda vez que o homem contribuiu para a vitória da dignidade do espírito, toda vez que o homem disse não a uma tentativa de subjugar seus companheiros, tenho me sentido solidário ao seu ato. De modo algum minha vocação básica tem de ser traçada a partir do passado das gentes de cor. De modo algum tenho de me dedicar a reviver alguma civilização preta injustamente ignorada. Não vou fazer de mim mesmo o homem de qualquer passado. Minha pele preta não é um depósito para valores específicos. Não tenho coisas melhores a fazer nesse mundo do que vingar os pretos do século XVII? [...]. Eu, como um homem de cor, não tenho o direito de esperar que venha a existir, no homem branco, uma cristalização da culpa com relação ao passado da minha raça. Eu, como homem de cor, não tenho o direito de pisotear o orgulho de meu primeiro senhor. Não tenho nem o direito nem o dever de exigir reparações pelos meus ancestrais subjugados. Não há nenhuma missão negra. Não há nenhum ônus branco. Não quero ser vítima das regras de um mundo negro. Vou pedir a este homem branco que responda pelos traficantes de escravos do século XVII? Vou tentar, por todos os meios disponíveis, fazer com que a culpa germine em suas almas? Eu não sou um escravo da escravidão que desumanizou meus ancestrais. Seria de imenso interesse descobrir uma literatura ou arquitetura negra do século III a.C.; ficaríamos entusiasmados ao saber da existência de uma correspondência entre algum filósofo preto e Platão; mas não vemos, realmente, como este fato mudaria as vidas de crianças de 8 anos de idade trabalhando nos canaviais da Martinica ou de Guadalupe. Vejo-me no mundo e reconheço que tenho somente um direito: exigir um comportamento humano do outro.

Pedir a lideranças e "coletivos" racialistas neonegros que tenham a consistência e a espessura, que Fanon alcança nesta passagem textual, seria pura e simples insensatez. Mas vamos em frente. A ênfase sociológica nas classes sociais e a superênfase marxista na luta de classes — situando, no desfecho do enfrentamento dos dois grandes agrupamentos teoricamente antagônicos, a burguesia e o proletariado, a instauração do milênio comunista, realização "científica" de todos os antigos utopismos, que vieram de Platão a Fourier e Saint-Simon — eclipsaram pormenores (e "pormaiores", se assim fosse possível dizer) dos conflitos cotidianos que tão bem conhecemos. Em resposta a este eclipsamento, os identitários foram a tal ponto extremistas que simplesmente inverteram as coisas, eclipsando também, ou mesmo abolindo, em seus devaneios teorético-ideológicos, a existência de classes sociais. Desempregaram Nicos Poulantzas, em suma. Num livro de 1999, o supracitado *O Fim da Utopia: Política e Cultura na Era da Apatia*, Russell Jacoby já escrevia:

> Durante décadas os críticos lamentaram o materialismo estreito do marxismo, e grande parte dessas críticas tinha sentido. Mas tais críticas tiveram um efeito maior do que jamais teriam sonhado seus autores. O marxismo econômico transformou-se em marxismo cultural. A crítica válida de um marxismo reducionista evoluiu para uma total rendição de seu núcleo materialista. Hoje o materialismo trata de espíritos, textos, imagens e ecos, florescendo apenas em departamentos de literatura e inglês [do sistema universitário norte-americano].

Na verdade, em vez de "marxismo cultural", seria mais correto falar de marxismo caricatural. Mais Jacoby: "O marxismo do século XIX era materialista e determinista; o do fim do século XX é idealista e incoerente". Instaurou-se o império do multiculturalismo. E, com o identitarismo, o multiculturalismo e o politicamente correto ganharam sua expressão mais sectária e estridulante.

Mas é engraçado: aboliram as classes sociais, não a retórica da luta de classes. Em seu livro, Francisco Bosco não se esqueceu de apontar para uma erosão da centralidade do conceito de classe social no multiculturalismo e no identitarismo. Na verdade, o conceito não foi simplesmente erodido, mas abandonado ou arquivado como ferramenta inútil, talvez até perniciosa, hostil aos "avanços" pretendidos. Num esforço de síntese genealógica, seguindo o que degenerou de maio 1968/*new left* para cá, chegando ao "politicamente correto" e aos identitários, Marília Mattos, doutora em teoria literária e professora de *cultural studies* no meio universitário baiano, observou:

> A origem, por assim dizer, 'epistemológica' é a mesma: os Estudos Culturais, que têm a ver com Gramsci e com uma revisão do marxismo (a partir de Althusser e sua concepção de 'interpelação ideológica'), a qual, para resumir, fez com que a esquerda (ou melhor, a *new left*), praticamente constrangida pelas feministas norte-americanas, estendesse seu foco — até aí, no proletariado — às chamadas 'identidades minoritárias' (ou periféricas). Expansão esta que, a meu ver, acabou por afastá-la totalmente do proletariado (mais precisamente, fez este afastar-se dela) ao ignorar e, muitas vezes, atacar seus valores reacionários, concentrando-se (quase obsessivamente) nessas identidades 'oprimidas' (mulher, negro, *gay*, etc) — o que, graças à excessiva patrulha ideológica, deu nessa overdose de 'politicamente correto'. 'Lugar de fala', simplificando, diz respeito aos discursos com os quais você se identifica, que (re)produzem as

identidades, que não são únicas, nem essenciais ou fixas – como demonstrou, emblematicamente, Michael Jackson, um herético transgressor das 'sacrossantas' fronteiras identitárias. Mas esse caráter fluido da identidade é frequentemente desconsiderado, o que é lamentável.

A propósito, o indiano Amartya Sen fala uma coisa bem interessante sobre o tema/problema, em seu livro *Identity and Violence*. Vou repeti-lo resumidamente aqui. Sen lembra que uma mesma pessoa pode ter várias identidades, simultaneamente. Digamos: ser mulato, bissexual, falante do português, católico, amigo e estudioso do mundo muçulmano, professor de arquitetura, maconheiro, torcedor do Fluminense ou do São Paulo, participante de lutas ambientalistas, defensor dos direitos das mulheres, amante de uma nissei que conheceu na linha amarela do metrô de São Paulo, etc. Diante desse quadro múltiplo, um companheiro militante ou um adversário seu (no caso, tanto faz) seleciona e absolutiza apenas uma dessas identidades: ser "afrodescendente", maconheiro ou amigo de muçulmanos, por exemplo. Ao fazer isso, o sujeito "miniaturiza" (para usar a expressão cara ao próprio Amartya Sen) a pessoa em questão. Faz uma caricatura dela. Reduz o indivíduo a somente uma de suas almas. E este é o espaço por excelência do identitarismo, seja caracterizando alguém como preto-oprimido-futuro-redentor-do-mundo, seja como branco-opressor condenado a ser escroto *per omnia saecula saeculorum*. É o espaço da miniaturização de todos, para louvar ou execrar. E não é preciso insistir no quanto esta postura é intelectual, social e humanamente fraudulenta e empobrecedora.

Abolição da história e das classes sociais

Mas vamos retomar o passo. A esquerda pós-moderna retirou de cena o velho proletariado — e, em seu lugar, colocou pretos, índios, mulheres, veados, obesos, caolhos, etc. Assim como retirou de cena a velha burguesia — e, no seu empedernido (mas removível) posto, assentou a caricatura gigantesca, a terrível e temível figura do Homem Branco. É este arquétipo ou superestereótipo e a abolição solipsista das classes sociais, em suas teses e seus discursos panfletários, que deixa o racifascismo neonegro confuso e perdido, ou até como se estivesse divisando alguma miragem, diante do que de fato acontece hoje em tantos países africanos, como Angola e a Nigéria, por exemplo: a exploração do negro pelo negro — que vem da escravidão milenar vigente em tantos reinos e aldeias, passa pela rainha Ginga (ou Nzinga) usando suas escravas pretas como poltronas, sobre cujos dorsos nus ela se sentava durante horas, enquanto fazia acordos e tratativas com autoridades e comerciantes brancos da Europa, e entra com tudo nestes nossos dias de globalização. (Por falar nisso, aliás, e ao contrário do que nossos historiadores esquerdistas adoram dizer, o Brasil não foi o último país a abolir a escravidão. Ela continuou existindo em África. Serra Leoa e o Zanzibar aboliram legalmente a escravidão bem depois do Brasil. E a Arábia Saudita só o fez em 1962, quando o mestiço Mané Garrincha, descendente de índios fulniôs, decidia o campeonato mundial no Chile).

A chamada "descolonização", posterior à II Guerra Mundial, não resolveu nada. Podem conferir: ao colapso do colonialismo, seguiu-se o colapso da descolonização. A África Negra gerou um rosário de ditaduras corruptas, com elites negras riquíssimas e massas também negras sofrendo na pobreza e na ignorância. Esta é a África Negra atual: faiscantes ilhas multimilionárias negras em mares pesados de miséria igualmente negra. Surpreendem-se ainda, os neonegros, com a observação de que, nessas mesmas terras de Angola e da Nigéria, Barack Obama jamais se elegeria presidente. Não só em consequência de ditaduras e fraudes, sob o comando de elites negras que massacram massas negras. Mas principalmente porque, para estas mesmas massas negras, Obama não é negro e, sim, mulato. Os negroafricanos distinguem fortemente esses cromatismos — e o mulato é objeto de terrível preconceito entre eles. Basta lembrar que em Angola, por exemplo, mulatos são chamados por uma expressão pejorativa: *latom*. "Latons", em África, são tanto os nossos mais leves quanto os mais radicais militantes racifascistas. "Latom" é o neonegro Nei Lopes, por exemplo. "Latom" é Martinho da Vila. "Latonas" são, gostem ou não gostem disso, as atrizes Camila Pitanga e Thaís Araújo, mulatas bonitas, mestiças sensuais dos trópicos brasílicos. O caso de Thaís Araújo, por sinal, merece registro. Num certo sentido, ela não deixa de ser a nossa Michael Jackson, embora com propósito bem dessemelhante e sem um milímetro do brilho estético deste: começou bem pretinha; com o tempo (e operações?), foi ficando cada vez mais branqueada — e, quanto mais branqueada ficava, mais enfaticamente passava a se declarar "negra".

Ainda a propósito de identitários e classes sociais, o já citado geógrafo Fernando Coscioni comentou rapidamente, no *facebook*, o debate entre Jordan Peterson e Slavoj Zizek. Peterson negrita, corretamente, que o maniqueísmo da política identitária descende em linha direta do modelo marxista, que dividia o mundo em "opressor" (burguesia) e oprimido ("proletariado"). Concorda assim que assistimos hoje ao lamentável espetáculo da degradação final do velho binarismo marxista em novo dualismo analfabeto. Coscioni, também corretamente, no caminho de Jacoby, matiza:

> A política identitária é fruto da migração dessa lógica maniqueísta vulgar para aquilo que Marx chamou de 'superestrutura'. A lógica de entendimento da realidade baseada no binômio 'opressor-oprimido' migrou da análise das relações de reprodução econômica para a análise das relações socioculturais entre pessoas e gêneros, etnias e orientações sexuais distintos.

Mas Zizek desloca a discussão, ao apontar para o vínculo entre a política identitária e a "fase atual do capitalismo". Coscioni:

> Especulando sobre o que Zizek quis dizer (e ele foi pouco claro nesse tema), dá para conjecturar o seguinte: as sociedades capitalistas estariam se aproveitando do narcisismo dos grupos identitários para criar formas mais individualizadas de consumo e mercados mais segmentados (trazendo com isso, por exemplo, todo o cinismo das ações de *marketing* e publicidade politicamente corretas que visam 'agregar valor' às marcas). O identitarismo seria uma espécie de consequência politizada do individualismo engendrado pela sociedade de mercado.

E Coscioni acha que Zizek está certo ao "sublinhar a relação entre a histeria identitária e o individualismo da sociedade de consumo", até porque, acrescento, o individualismo está sujeito a variações históricas marcantes — e não há como confundir, por exemplo, o individualismo renascentista com o individualismo desses nossos tempos de sociedade de consumo e *mass culture*. Tendo a concordar com Zizek, no caso. E apenas para botar mais uma castanha nesse vatapá, lembro que, afora diversos filmetes publicitários bandeirosos, o canal de televisão Globonews — canal narcisista ao extremo (onde o jornalista é sempre muito mais importante do que a notícia) e que cai automaticamente de quatro diante de qualquer modismo novaiorquino — é hoje o grande porta-voz de massas do identitarismo, com seus discursos ostensivamente pró-feminista, pró-*gay*, pró-racialista, pró-índios d'antanho. E isso talvez tenha a ver com a "afrodescendência" original de Roberto Marinho, que reinou plenamente em sua casa-grande, antes de deixá-la com seus herdeiros.

E o grave, como já foi dito e redito, é que, se a pessoa não concorda com o fogaréu expelido pela boca do militante identitário, merece diretamente o fogo do inferno: se não acha que o xibiu explica tudo, é machista; se não acha que é a cor, é racista... E o *paredón* estaria logo ali na esquina, caso eles tivessem poder para tanto. Lembro que o historiador Joel Rufino — mulato preto, comunista atuando com Marighella na clandestinidade terrorista, autor de livros como *História Política do Futebol Brasileiro* —, escreveu, acho que em *Atrás do Muro da Noite*, que nossos

> movimentos negros trabalham politicamente o ressentimento, o tom do seu discurso é a mágoa [ou a raiva] pela pouca consideração do branco, há como que uma ânsia em arrancar do brasileiro comum a confissão de que este é racista.

Nos dias que correm, não é preciso nem mesmo fazer este esforço, procurando ajoelhar confessionalmente o próximo.

A pessoa é acusada de racista antes mesmo de ter tido tempo de abrir a boca. Todos então acabam constrangidos a embarcar na canoa furada do identitarismo. Por esse caminho, de resto, o identitarismo implantou uma prática ditatorial, fascista, no mundo da arte e do entretenimento: artistas mulheres (lésbicas ou não), artistas pretos ou artistas *gays* são obrigados a militar, ou a militância vai fazer o que puder para sabotar e bloquear suas carreiras. Somos assim atirados de volta aos velhos tempos da política cultural soviética sob Stálin e Zdanov, agora em versão cromático-genital. Inúmeros observadores já assinalaram isso. Outro dia, João Pereira Coutinho, em artigo na *Folha de S. Paulo*:

> Um filme que não tenha compromisso com a 'inclusividade' é tão herético como era o 'sentimentalismo burguês' para os censores do realismo socialista. Um livro com personagens sexistas ou misóginas é tão intolerável como era o formalismo para os sacerdotes da estética moscovita.

Do realismo socialista ao realismo racialista, portanto. E ainda há um dado cruel aqui. Depois que se convertem e fazem a opção por se apresentarem como "negros", os artistas mais branqueados, mais claramente amulatados, sofrem desqualificações e exclusões (como se viu recentemente na disputa sobre quem poderia fazer o papel da sambista Ivone Lara, ela mesma, aliás, mulatíssima), com base na conversa do "colorismo", que estabelece uma hierarquização cromática dos pretos, segundo a maior ou menor pretidão da pele (só escapam disso mulatos ou mulatas realmente famosos, como a já citada Camila Pitanga, que os militantes fazem questão de tratar como preta retinta). Por esse caminho, os grupos identitários, estabelecendo insuperáveis hierarquias internas, acabam gerando subgrupos. E tudo vai rolando em direção ao "personalismo identitário" (me lembro até do velho Thoreau, quando dizia, com sentido bem diverso, que ele era uma minoria de um), de que me fala Emanuelle Torres. O grave é que, assim, o mulato e a mulata de tez mais clara, além de sofrer com discriminações e preconceitos lá fora, também são obrigados a suportar restrições discriminatórias dentro do seu próprio grupo, necessitando a todo instante pedir desculpas pelo fato de não serem representações fenotipicamente "perfeitas" da identidade grupal.

Aqui chegando, só não consigo entender como os identitários se comunicam entre si — e, pior, lidam uns com os outros —, quando leio a seguinte informação no livro *As Ideias e o Terror* de Bruna Frascolla:

> Steven Pinker [em *The Better Angels of our Nature*] chegou a apontar que a dicotomia marxista entre opressor e oprimido, acompanhada pela apologia da revolução violenta, causavam um senhor estrago nos Estados Unidos de uma maneira nova. Sob a batuta da Escola de Frankfurt, intelectuais passariam a apoiar qualquer comportamento lesivo desde que parecesse caber em suas novas noções de revolução — que, agora, não se centravam mais em classe, mas em coisas como raça, à maneira nazista. A violência gratuita recebia apologia como revolucionária ou não-conformista, e psicopatas usavam clichês frankfurtianos para explicar seus crimes e saírem da prisão. Como mostra de sua tese, porém, ele traz o surpreendente trecho em que o pantera negra Eldridge Cleaver [em seu livro *Soul on Ice*] racionaliza em termos políticos um estupro cometido [contra uma

mulher branca]: 'O estupro foi um ato de insurreição. Deu-me prazer desafiar e pisotear a lei do homem branco, seu sistema de valores, e deu-me prazer sujar suas mulheres — e esse ponto, creio, foi o mais satisfatório para mim, porque eu me ressentia muito do fato histórico de que o homem branco usou a mulher negra'. Pinker conta ainda que esse livro [de Cleaver] foi muito bem recebido pela crítica e o *New York Times* chegou a qualificá-lo como 'brilhante e revelador'. Mas piora! Na mesma página, esse bravo antirracista que cobra dívida histórica em estupro de brancas conta que foi preciso ensaiar antes com negras [não se sabe se para minimizar a tal da solidão estrutural]. Diz: 'Tornei-me um estuprador. Para refinar minha técnica e *modus operandi*, comecei praticando com garotas negras no gueto — no gueto negro onde ações sombrias e viciosas não parecem aberrações ou desvios da norma, mas como parte da suficiência do Mal cotidiano — e, quando eu me julguei ligeiro o bastante, cruzei os rastros e procurei presa branca'. Numa tacada só, o estuprador autoriza o estupro de mulheres da raça que ele alega defender e diz que estupro é uma coisa normal entre aqueles pretos pobres! Seria possível ofendê-los mais? Seria possível ser mais racista e degradar mais, com ações e palavras, as mulheres?

Radfems como Andrea Dworkin, que eu saiba, ficaram caladinhas. Mas note-se, também, que a sempre celebrada feminista "afro-americana" Angela Davis, em *Women, Race and Class*, não condenou nem a violência de Cleaver contra as mulheres, nem o seu racismo contra pretos. Identitários consentem crimes identitários, então. Mas o que a mistificadora Angela Davis e um criminoso sexual e racial como Cleaver, apesar de tudo que possam pensar em contrário, teriam a ver com um homem como Frantz Fanon, por exemplo? Nada, é claro.

6 | A defesa do *apartheid* político e cultural

É DO GAÚCHO MANUEL Touguinha (ex-padre e ex-gerente de bordel, produtor cultural responsável, entre outras coisas, pela recuperação e sobrevivência arquitetônicas dos moinhos de pão da sua terra natal), em conversa matinal num boteco às margens do Rio Parnaíba (também conhecido como Velho Monge), na cidade de Teresina, no Piauí, o melhor comentário que já ouvi sobre essa baba boba de "apropriação cultural": "Tomate é asteca. Logo, vamos parar com essa brincadeira de mau gosto de ficar fazendo pizza na Itália"... Perfeito. E irrespondível. Bem vistas as coisas, essa conversa de "apropriação cultural", quanto a nós, se funda numa dupla ignorância. De uma parte, no desconhecimento da história sociocultural da humanidade. De outra parte, no desconhecimento específico da história sociocultural brasileira.

Dou um exemplo da primeira ignorância. A este propósito, ficou célebre no Brasil o "caso do turbante". Uma mulher preta se dirigiu a uma mulher branca, num ponto de ônibus, questionando-a pelo fato de estar usando um turbante, que seria coisa negra. A mulher usava o turbante, no caso, para cobrir uma careca produzida pelo tratamento contra câncer a que estava se submetendo. Mas, embora não devêssemos, deixemos provisoriamente isso de lado. O que importa, nesta passagem aqui, é que turbante nunca foi elemento cultural negro. Turbante é árabe – e árabe nunca foi preto, mas árabe. Para dar um exemplo concreto, lembremos que o turbante chegou à terra dos hauçás ainda antes do século XIV, com a maré islâmica se espraiando pelo espaço negro da África. E era signo da dominação política, econômica e sociocultural dos hauçás pelos árabes. Na verdade, a islamização da Hauçalândia nunca chegou a ser completa e foi assim que, na passagem do século XVIII para o XIX, conflitos e guerras pipocaram no território hauçá. Muitos chefes e reis hauçás simplesmente não engoliam o islamismo. Para os verdadeiros muçulmanos, eles eram pseudomuçulmanos ou mesmo pagãos. Foi então que, no Gobir, reino hauçá, chegou a ocorrer uma restauração do "paganismo". Nesta onda negra rebelde, antimuçulmana, antiárabe, o sarki Nafata investiu contra todo e qualquer símbolo islâmico, proibindo as mulheres de colocar véus e punindo qualquer preto ou preta que usasse... turbante. E é preciso cuidado para não cair na armadilha de certas expressões. Fala-se aqui, por exemplo, que jogamos "capoeira angola". Mas essa "capoeira" (uma palavra tupi, por sinal) não existe, não é conhecida em Angola. Estudando os hereros do deserto do Namibe, por exemplo, em seu livro *Vou Lá Visitar Pastores*, o antropólogo angolano Ruy Duarte de Carvalho fala, a certa altura, "da bahianíssima 'capoeira de Angola'".

A preta (ou mulata escura) que chamou às falas a branca (ou mulata clara) do turbante, no ponto de ônibus, realmente não tinha conhecimento algum da história negra da África. Talvez achasse que o turbante era culturalmente negro por compor o chamado "traje de baiana" e aparecer no xirê dos orixás. Mas o traje de baiana é totalmente sincrético, com elementos lusitanos como a saia rendada, por exemplo. Mais: Portugal foi dominado pelos árabes durante séculos – e assim como os árabes levaram pretas africanas a usar turbante, também levaram brancas portuguesas a fazer o mesmo. Na verdade, brancas europeias, não apenas portuguesas. Por isso vemos turbantes em quadros de Rembrandt e Vermeer. Informa o crítico de arte José Valladares, em "O Torço da Baiana":

> Em Portugal, já no século XII, temos um retrato da rainha D. Mafalda com seu 'toucado de rolo'. Turbantes, trunfas, turbantes de polichinelo e turbante à mourisca encontramos em ilustrações quinhentistas das edições chamadas de cordel, dos autos e comédias de Gil Vicente, Ribeiro Chiado e Bernardim Ribeiro.

Em resumo, ao contrário do que fantasia grosseiramente a invencionice identitária, a história cultural da humanidade é um vastíssimo espaço fervilhante de trocas, empréstimos, imposições, assimilações, reinvenções e misturas.

E um exemplo da segunda ignorância: a que quer enfiar a experiência histórica, social e cultural de um povo na camisa de força da experiência histórica, social e cultural de outro povo. A peripécia brasileira não pode ser confundida com a norte-americana. Aqui, as coisas se mesclaram em profundidade e afloraram com nitidez. Os Estados Unidos são uma nação de fraca capacidade integradora e alto poder destrutivo.

Em sua obra *Fenomenologia do Brasileiro*, Vilém Flusser, judeu nascido na Praga de Kafka, já falava da insularização local das etnias, que viria a produzir uma série compartimentada de nipo, ítalo ou afro descendentes. Ao lado disso, o poder destrutivo. O exemplo clássico está no assassinato espiritual do negro africano nos Estados Unidos. Sob a pressão avassaladora do poder puritano branco, as religiões negras foram destruídas naquele país. Por isso, o mulato Martin Luther (a forma inglesa de Martinho Lutero, note-se bem) King foi um pastor protestante, neto de avó irlandesa, e não um babalaô, senhor das práticas divinatórias de Ifá. Também por isso, quando acharam que tinham de recriar alguma "religião ancestral", afro-americanos como Malcolm X e Muhammad Ali chegaram ao islã! — religião de árabes invasores e dominadores de reinos e povos da África Negra. Daí que os sintagmas *música religiosa negra* e *black religious music* sejam equivalentes perfeitos em termos linguísticos, mas remetam a realidades dessemelhantes no campo cultural. No caso da *black religious music*, o que temos é o hinário protestante preto, recriação de salmos brancos — e mesmo na poesia do *blues* a referência é a Bíblia (*the Book*, "o Livro"), como ouvimos na voz de Billie Holiday em "*God Bless the Child*" (décadas depois, na bem menos privilegiada voz de Bob Marley e de todo o *reggae* jamaicano) —, e não o universo sonoro de inquices, orixás e eguns. Já no caso de nossa música religiosa negra, o que ouvimos é a música sacra executada em nossos terreiros de candomblé, com atabaques e alabês. As coisas estão vivas entre nós — e ainda hoje é possível tranquilamente coletar e estudar nesses terreiros, como fez Flávio Pessoa de Barros em *O Segredo das Folhas: Sistema de Classificação de Vegetais no*

Candomblé Jeje-Nagô do Brasil, conjuntos de "cantigas de folha", chamadas *orin ewe*, em iorubá. É por isso mesmo que signos e formas de origem negroafricana aparecem, na criação estética brasileira, não como sobrevivências ou resquícios, mas como coisas concretas do cotidiano mesmo de nossos artistas e de seu público, indo da produção plástica de Rubem Valentim ao *Amuleto de Ogum* de Nelson Pereira dos Santos, passando pelo romance de Xavier Marques (pai de Jorge Amado e avô de João Ubaldo) e pelas canções da música popular brasileira. É que, aqui no Brasil, heranças negroafricanas permaneceram e permanecem, viçosas e vistosas, circulando pelos mais variados ambientes sociais e culturais. Antes que país multicultural, o Brasil é, secularmente, uma nação sincrética.

Mas, além da bobagem da "apropriação cultural", temos ainda outra pedra no caminho: o expediente fascista do tal do "lugar de fala", que, segundo o psicanalista Marcus do Rio, se resume ao seguinte: somente anões bissexuais chineses podem falar sobre anões bissexuais chineses. Exato: lugar de fala designa um gueto de amantes do *apartheid* onde só os perfeitamente idênticos a si mesmos têm direito à voz. Num breve texto informal estampado no *facebook*, Fernando Coscioni informa que é altíssimo, no meio universitário brasileiro hoje em estágio de avançada decomposição mental, o número de pessoas que enxerga o mundo a partir do modelo binário opressor-oprimido do marxismo, em suas diversas variações identitárias. E frisa que essas pessoas

> decidiram, de forma um pouco truculenta, que todos os seus colegas devem aceitar o *pedigree* de 'oprimidos' que eles reivindi-

cam para si próprios. Isso significa que se uma pessoa desfruta do capital simbólico de pertencimento a algum grupo 'oprimido' e se define, por exemplo, como 'mulher negra e lésbica' ou como 'pessoa não em termos de gênero', entre outras possibilidades, ninguém que, supostamente, não tem tanto *pedigree* de 'oprimido' como tal pessoa, como, por exemplo, um 'homem branco heterossexual', pode ter, aos olhos dessas pessoas, legitimidade para se posicionar contra algo que elas dizem. Para ter legitimidade no que diz, você precisa ser pertencente a um desses grupos de 'oprimidos', com a 'fala legítima', senão, mesmo que você diga algo razoável, você será escorraçado como um 'opressor'.

Trata-se de tentar impor um monopólio identitário da fala, uma reserva de mercado cultural e ideológica: vamos silenciar o outro — falar somente com os mesmos e somente aos mesmos ouvir. Vale dizer, é a turma que sacralizou o *idem* e o *ibidem*.

Falo "reserva de mercado" porque é uma política francamente excludente que gera nichos discursivos remuneradores, pregando que só mulheres têm "legitimidade" para falar de mulheres, só pretos têm "legitimidade" para falar de pretos e assim por diante. O objetivo é, portanto, assegurar um espaço, ter o monopólio da fala e, logo, da realização de ações e produtos a ela relacionados. Mesmo quem discorda, não enfrenta. Artistas e administradores públicos se amedrontam, enfiam o rabinho entre as pernas e aceitam as imposições identitárias. Sei de casos de pessoas desconvidadas a fazer palestras e desenvolver curadorias, em museus e outras instituições, pelo simples fato de o tema escolhido ser considerado como sua propriedade privada por coletivos-patrulha identitários.

(Na Bahia, uma conhecida entidade artístico-cultural até hoje se desculpa, sem motivos para isso, por um concurso de fotografia. É que racialistas ficaram revoltados com o fato de somente fotógrafos brancos terem sido selecionados pela entidade. Detalhe nada insignificante: a banca julgadora não teve quaisquer informações pessoais acerca dos fotógrafos concorrentes — seu acesso se restringiu às fotos apresentadas para avaliação. E aqui aproveito para fazer mais uma observação. Com o horror identitário à qualidade, seus "artistas" não têm compromisso com o nível da fatura técnica e estética do que fazem. Comportam-se todos como se a certidão de nascimento da pessoa fosse o que realmente importa, não a obra que ela objetivamente concebe e produz. E isso não só complica algumas coisas agora, como vai gerar lamentações a longo prazo. Claro. Se você, embora escritor ou cineasta, por exemplo, não tem a desculpa de ser mulher, preto, veado, índio, trans, etc., só lhe resta mesmo caprichar — e muito — no seu fazer. O que significa que, se as coisas continuarem assim, somente homens brancos heterossexuais acabarão produzindo obras de qualidade. Ou seja: aquelas que terão lugar assegurado no futuro, na história do fazer estético brasileiro. E não entendo a razão que leva os identitários a recusar qualquer coisa que cheire a qualidade, como se qualidade fosse sinônimo de opressão, condenando assim o que fazem ou pretendem fazer, desde o berço, à irrelevância artística e cultural. Mas é isso: tem muita gente hoje que não quer ver diferença alguma entre Wesley Safadão e Tom Jobim, como se isso fosse "libertário"). Que isto empobreça o debate nacional sobre o assunto, pouco importa? Para dar exemplos conhecidos, vejam como o mecanismo supostamente libertário, mas essencialmente fascista, repercute, por exemplo, em nossa produção cinematográfica. Recentemente, a ira identitária sobrou para um filme como *Vazante* de Daniela Thomas, duramente criticado no Festival de Brasília. O escritor João Carlos Rodrigues — autor, por sinal, de *O Negro Brasileiro e o Cinema* — comentou:

> Houve um debate deprimente, cheio de agressões, onde a cineasta não soube se defender de modo adequado e posteriormente fez declarações ambíguas como se fosse culpada de alguma coisa. [...]. Acredito que o fato de *Vazante* ter desnorteado esse tipo de militância radical é uma qualidade e não um defeito do filme. Revela que não é óbvio, que está além dos comícios disfarçados, das frases feitas e dos finais catárticos.

Mas, se *Vazante* e Daniela foram atacados por ativistas racifascistas neonegros, há filmes que nem chegam a ser feitos, com cineastas desistindo diante da perspectiva da chuva de pedras que será despejada sobre eles. A reserva de mercado é garantida, com a vociferação identitária intimidando autores. E, pior, ainda há os que se arrependem covardemente de ter filmado isto ou aquilo, como a cineasta Tata Amaral dizendo que, hoje, não faria um filme como *Antonia*. Quem perde com tudo isso? Simples: o cinema brasileiro, a cultura brasileira e, em última análise, a sociedade brasileira. Quem ganha? Ninguém — a não ser meia dúzia de gatos pingados (e mais pingados do que gatos, por sinal) que teriam demarcado suas terras quilombolas no domínio estético, expulsando dali cineastas extrapretos que estivessem dispostos a garimpar alguma coisa sobre o país, a sua história, a sua gente. Como, para mim, inexiste propriedade privada no mundo da cultura, deixo o silêncio cabisbaixo para os temerosos de sempre.

No fundo, trata-se ainda de pretender apagar uma distinção elementar, óbvia mesmo: viver uma situação, uma conjuntura, uma época, é uma coisa — e outra coisa, muito diferente, é compreender o que se viveu. Milhões de pessoas viveram as chamadas "guerras mundiais" e vivem hoje a crise brasileira e a globalização, mas poucas entenderam ou entendem o que estava e o que está realmente acontecendo. E isso não vale só para ignorantes. Num plano mais radical, Freud fez fortuna ao mostrar que, em princípio, mal conhecemos a nós mesmos. Mas, no final das contas, o que não se diz, mas logicamente se afirma, é que, em última análise, só é legítimo à pessoa falar de si mesma. Unicamente. E, ainda aqui, o que ela falar de si própria não deixará de ser suspeito. Não só no sentido que aprendemos e a que nos acostumamos e que Antonio Vieira sintetizou à perfeição no "Sermão da Terceira Dominga do Advento", quando declara que nenhum homem é tão reto juiz de si mesmo que diga realmente o que é, ou seja realmente o que diz. Mas principalmente porque virá com determinações "estruturais" de ordem social, cultural, biológica, etc. E se o que importa mesmo é a vivência do que se fala, como levar a sério um livro como *O Suicídio*, se o seu autor, Émile Durkheim, nunca atentou contra a própria vida? Não dá. Pela lógica do "lugar de fala", só pode escrever sobre o suicídio quem, pelo menos uma vez na vida, tenha chegado a se matar. O que me faz lembrar uma daquelas frases deliciosas do *Catatau* de Paulo Leminski: "Vou ali, me suicido e volto já".

7 | A bolha neonegra, o afro-oportunismo

O IDENTITARISMO É TAMBÉM, como a essa altura todos já devem ter concluído, o paraíso das simplificações e das falsificações. Da manipulação de dados e fatos unicamente com propósitos políticos racialistas ou sexistas. Do unilateralismo ideologicamente comprometido. Da garantia, por essas vias, de uma reserva de mercado, do acesso assegurado a plateias previamente comprometidas com o que será dito. E, no ambiente identitário brasileiro, como já disse, ainda estamos no estágio do "esquerdismo", no sentido leninista de "doença infantil". E mais: pretos, veados, índios e mulheres, aqui como nos Estados Unidos, são sempre seres eticamente superiores, teoricamente impossibilitados de carregar mesmo a mais leve de todas as máculas em suas vidas ou em suas almas puríssimas de oprimidos, como se fossem aqueles mártires da antiga cristandade.

Um escritor neonegro brasileiro jamais faria o que fez o mulato norte-americano Colson Whitehead em seu recente romance *Underground Railroad*. Acompanhamos aí a peripécia da escrava Cora (cujos avós foram vendidos aos brancos por traficantes negros do Daomé) em busca da liberdade. E o livro fascina. Verdade que, para ficar somente no plano da literatura norte-americana desse último meio século, Colson Whitehead pode não ter o poder textual de John Williams, a alta competência construtiva de Philip Roth, a criatividade encrespada de Foster Wallace ou a densidade do Jonathan Franzen de *Freedom*, por exemplo. Mas fez um belo trabalho. Conceitualmente, sua virtude central é recusar o maniqueísmo — estreiteza em que se comprazem hoje, no Brasil, os chamados "profissionais da negritude". Colson é implacável ao retratar crueldades dos senhores escravistas brancos. Mas não é nada simplório. O jogo entre escravos também pode ser sujo, muito sujo. Cora é estuprada por colegas de cativeiro. Negros violando a negra. Sem a menor sombra de solidariedade racial. Assinale-se também que, diante da divisão drástica da população entre pretos e brancos (classificação imposta pelos senhores escravistas), escravos afirmam sua mestiçagem. Sua "ancestralidade mista", nas palavras do próprio romancista. E vejam, também, como o comércio de escravos é tratado por um cantor e romancista negro africano, Wilfried N'Sondé, nascido em Brazzaville, na República do Congo, em seu recentíssimo *Un Océan, Deux Mers, Trois Continents* (lançado já em Luanda, tradução para o português assinada pelo escritor angolano José Mena Abrantes). Ao falar da participação ativa dos bakongos (e tantos deles vieram parar no Brasil, trazidos pelos navios negreiros) no comércio transatlântico de escravos pretos, N'Sondé chega a escrever passagens como esta, quando o rei bakongo assina um tratado comercial-escravista com os portugueses, ainda no século XVI:

Não hesitou muito tempo e assinou, logo que compreendeu que em troca dos cativos que devia fornecer, os seus parceiros lhe iam enviar uns trinta operários especializados no trabalho do cobre e da madeira, pistolas, fuzis, e sobretudo dez peças de artilharia. Viu também nesse arranjo a oportunidade de se desembaraçar não apenas de um grande número de prisioneiros de guerra que ameaçavam rebelar-se, mas também dos seus mais ferozes inimigos políticos, assim como das respectivas famílias. E depois seu reino tinha bastantes criminosos e gente inútil que bem poderia exilar para longe das suas terras.

Ou ainda:

Os nossos campos viviam tempos sinistros, a caça ao homem e as razias, tornadas moeda corrente, causavam muitas desordens, desgraças e destruições. As histórias de raptos se multiplicavam, a servidão já não ameaçava apenas os indivíduos viciosos, os ladrões, os incestuosos ou os assassinos. Os poderosos do reino, tornados surdos às injunções dos espíritos, trocavam até membros da própria família.

Na contramão de Colson Whitehead e N'Sondé, nossos racialistas tentam não só dar tonalidades róseas à milenar escravidão africana, como abolir mestiçagens, falsificando fundo a realidade brasileira, ao querer tratá-la segundo o ponto de vista racista norte-americano da *one drop rule*. Mas, como vamos falar logo adiante dos mulatos Machado de Assis, Lima Barreto e Carlos Marighella, aproveito para abrir parênteses. E dizer que, ao contrário do que pensa Francisco Bosco, o mulato também é o tal. (Curiosamente, até à minha geração pelo menos, não tínhamos problema algum com a palavra "mulato"; a palavra "pardo", sim, quando aplicada a pessoas, não raro era olhada com reservas — não por acaso, traduzimos a expressão francesa, originalmente irônica, *éminence gris*, não por eminência cinza ou cinzenta, mas por eminência *parda*.) Porque Bosco — observando que, diante da repulsa "politicamente correta" à composição "Tropicália" (por sua exclamação "viva a mulata!"), Caetano Veloso deslocou o foco da discussão para a figura do mulato — escreveu o seguinte:

> Há uma diferença fundamental entre um gênero e outro [entre o mulato e a mulata]. Na formação social e cultural brasileira, o mulato é objeto, sem dúvida, de racismo, mas a mulata, além do racismo, se define simbolicamente por uma associação sistemática ao sexo.

Mas isto merece, no mínimo, ser matizado. Em inícios do século XVIII, em seu *Cultura e Opulência do Brasil*, Antonil citou o dito que se tornaria célebre entre nós: o Brasil era inferno dos pretos, purgatório dos brancos e paraíso dos mulatos. Mas o que me importa, aqui, é que tal "paraíso" não estava isento de coloração erótica. Antonil carrega nas insinuações, acenando em direção a um poder mulato. Poder de sedução sobre senhores e senhoras — sedução sexual, também, ou às vezes principalmente. Mas é no século seguinte que os mulatos ganham extrema visibilidade social, numa inédita e forte maré de ascensão em nossa sociedade, consequência do incremento do processo de urbanização ao longo do período imperial. Alguém já disse, aliás, que bacharéis e mulatos foram produtos das cidades e das plantações litorais. Era nos centros urbanos que eles faziam a festa, ocupando espaços sempre maiores na política, na imprensa, na literatura, na burocracia estatal. Em *Sobrados e Mucambos*, Gilberto Freyre observa:

> É impossível defrontar-se alguém com o Brasil de Dom Pedro I, de Dom Pedro II, da Princesa Isabel, da campanha da Abolição, da propaganda da República por doutores de *pince-nez*, dos namoros de varandas de primeiro andar para a esquina da rua, com a moça fazendo sinais de leque, de flor ou de lenço para o rapaz de cartola e de sobrecasaca, sem atentar nestas duas grandes forças, novas e triunfantes, às vezes reunidas numa só: o bacharel e o mulato.

Não por acaso apareceu nesse período o romance *O Mulato* de Aluízio Azevedo, focalizando o filho de um branco contrabandista de escravos e de uma escrava negra.

Mas Freyre vai além, chamando a nossa atenção para o fato de que, já em princípios do século XIX, a nossa iaiá tradicional começou a dar lugar a um tipo de mulher menos servil e mais mundana:

> Muito menos devoção religiosa do que antigamente. Menos confessionário. Menos conversa com as mucamas. Menos história da carochinha contada pela negra velha. E mais romance. O médico de família mais poderoso do que o confessor. O teatro seduzindo a mulher elegante mais que a Igreja. O próprio 'baile mascarado' atraindo senhoras de sobrado.

E aqui se processando a superação progressiva, mas inexorável, da endogamia patriarcal, com bacharéis e militares mulatos se casando com moças brancas ricas e elegantes da casa-grande e do sobrado. Freyre (grifos meus):

... foi em grande parte através da mulher branca e fina, sensível *ao encanto físico e ao prestígio sexual do mulato*... que, durante o declínio do patriarcalismo, se fez, nas próprias áreas aristocráticas e endogâmicas do país, a ascensão do mulato claro... à classe mais alta da sociedade brasileira.

Ou seja: seguindo suas inclinações estéticas e eróticas, as novas iaiás subverteram os critérios de casamento até então vigentes, que tentavam impedir enlaces nupciais interclassistas e interétnicos. Prevaleceu a ideia ou a sensação de que o mulato era gostoso. Pena que nenhuma dessas mulheres tenha escrito um romance que tratasse do assunto. Mulheres brasileiras não eram escritoras naquela época. E, se fossem, dificilmente seriam destemidas o suficiente para tematizar eroticamente a figura do mulato. Mas Freyre, que tinha uma riquíssima sensibilidade erótica, de natureza pansexual, soube ver. E aqui não posso deixar de sublinhar isto. Só um sujeito dotado de tão rica fantasia sexual seria capaz de definir o massapê dos litorais da Bahia e de Pernambuco, como Freyre faz em *Nordeste*, nos termos de uma terra "pegajenta e melada", que se "agarra aos homens com modos de garanhona". Isto é, um sujeito capaz de ver a terra como fêmea ativa e poderosa que faz do macho seu pederasta passivo. E a verdade é que a leitura que Freyre faz do Brasil é indissociável desse seu temperamento fogosamente erótico, de natureza, caráter, disposição ou vocação francamente pansexual.

Mas voltemos ao mulato. Observei que mulheres raramente produziam textos estéticos naquele período. Na música, Chiquinha Gonzaga — filha de mãe solteira mulata, uma das primeiras feministas brasileiras, militante abolicionista — foi uma exceção. Mas era basicamente compositora, não letrista, embora tenha deixado para nós o erro de português talvez mais célebre da história estética do país, ao cantar "ó abre" e não "ó abram" alas. Na literatura, Gilka Machado, que chegou a escrever um verso como "Sinto pelos no vento... é a Volúpia que passa", só apareceria em 1915, com seus *Cristais Partidos*, para compor "uma obra a um só tempo violentamente sensual e arrebatada de espiritualidade transcendente", na definição perfeita de Andrade Muricy no *Panorama do Movimento Simbolista Brasileiro*. Mas não me recordo de referências suas a mulatos. Em todo caso, as mulheres apenas não escreviam — mas viam, pensavam e faziam. Veja-se o trecho seguinte de *Quelé, a Voz da Cor* (elogiável, mas equivocadíssima) biografia de Clementina de Jesus:

> Na década de 1930, a Estação Primeira [de Mangueira] engatinhava quando o assunto era carnaval. Grandes festas aconteciam o ano todo, mas o ápice eram as festas juninas. Foi em uma dessas, provavelmente no ano de 1938, que os olhares de Clementina de Jesus e Albino Pé Grande se cruzaram pela primeira vez. Portelense e dez anos mais velha que Albino, Quelé [Clementina] logo reparou naquele homenzarrão alegre e divertido. 'Que mulato bonito!'. Em entrevista ao jornal *Correio da Manhã*, em 27 de outubro de 1969, Clementina e Albino contaram como foi o primeiro flerte do casal. 'Eu era a noiva na Festa de São João da Mangueira. Tava linda no meu vestido branco. Todo mundo me olhava, mas eu nem dava bola. Até que notei naquela maravilha de crioulo, rodeado de moças. Não pensei duas vezes, fui logo falando: 'É meu, não tem dúvida que é meu'.

Clementina ganhou o seu mulato, inclusive contra a vontade da mãe, Amélia, que não via a relação com bons olhos, advertindo a filha para o fato de que o mulato Albino era "claro demais" para ela... Hoje, temos levas e levas de escritoras, pintoras e compositoras. Embora, pelo que me dizem, elas pareçam andar mais interessadas em outras mulheres, não em homens.

Mas vamos aos casos de Machado de Assis e Lima Barreto, que a ideologia racialista quer "ressignificar", transformando-os em neonegros. Os identitários não admitem que Machado e Lima sejam mulatos. Eles *têm* de ser negros. E olha que os avós paternos de Machado eram já mulatos — e Lima, filho do mulato João Henriques e da mulata Amália Augusta, se definia nos seguintes termos: "Nasci sem dinheiro, mulato e livre". Mas o mestiço, aos olhos do racialismo identitário, não passa da ilusão de ótica de um povo — o brasileiro — incapaz de reconhecer a sua impecável, indiscutível, inquestionável pureza racial. Daí a busca ideológica, agora, de uma "identidade negra" de Machado. Como supostamente desprezam a qualidade estética em favor da ação afirmativa, submetendo a cultura à política, querem ressituar Machado de Assis politicamente. Como militante identitário, racialista neonegro *avant la lettre*, de preferência. Mas Machado foi, mais do que todos, fundamente atingido pelo desejo de brancura de que falava o mulato Mário de Andrade. Quando ativistas neonegros protestaram contra um filmete publicitário da Caixa Econômica Federal, em que um ator branco fazia o papel de Machado, não pude deixar de pensar comigo mesmo e com meus pobres botões: Machado, se viu o filme em algum cinema realmente transcendental, adorou ser branco, mesmo que só e rapidamente na propaganda de um banco. Seus romances são fartos de exemplos que explicam as vastas barbas que usava para dissimular seus lábios grossos. Em *Ressurreição*, ele já faz o elogio das "feições corretas", brancas, da sua personagem. O que significa que se considerava portador de feições "incorretas", grosseiras, mulatas, acentuando o amarronzado da pele. E não só no romance. Também nos seus escritos críticos. Em *A Personagem Negra no Teatro Brasileiro*, na seção que dedica à peça *O Escravo Fiel*, de Carlos Antônio Cordeiro, encenada em 1859, Miriam Garcia Mendes escreve:

> A coleção de estereótipos negativos de negro é bastante grande na obra de José de Alencar. E Machado de Assis também não deixou de utilizá-los em alguns romances, embora o fizesse mais sutilmente, formulando-os através da análise do comportamento dos indivíduos, não os denominando claramente. Na sua crítica ao *Escravo Fiel*, por exemplo, ele se mostrara encantado com uma frase de Lourenço, na cena em que o escravo é surpreendido por Firmino no quarto de Eulália (Ato IV, Cena II) e procura justificar a sua presença ali. Diz Machado de Assis: 'Há uma frase lindíssima, entretanto, desse mesmo negro: — Eu sou negro, mas as minhas intenções são brancas'. É a ideia do *branco*, da *brancura* como paradigma da decência e honestidade, conceito que implica a admissão por parte do autor, e também de Machado de Assis, da inferioridade intrínseca do negro e da superioridade do branco, só ele capaz de gestos e intenções nobres.

É apenas ignorância quando racialistas neonegros dizem que Machado de Assis se concentrou na "burguesia branca" para melhor criticá-la. Bastava ter lido seus romances para não dizer uma bobagem dessas. Machado não critica acidamente apenas a aristocracia e a burguesia brancas, mas a humanidade inteira. Todas as classes e categorias sociais, independentemente de credo, sexo, idade ou cor. Sua visão crítica pesada, ainda que tantas vezes tocada de estranho e fino humor, não se restringe nunca aos ricos, ferindo antes o conjunto dos seres humanos que formam a totalidade do organismo social. E a barra do autor não é nada leve. No pequeno escrito "A Filosofia de Machado de Assis", incluído em *Cobra de Vidro*, Sérgio Buarque de Holanda, comparando, nesse particular, nosso romancista com o francês Anatole France, escreveu: "Machado de Assis pode talvez desprezar os homens como France, mas não os despreza com ternura, antes com certo amargor". A estudiosa italiana Luciana Stegagno Picchio, em sua *História da Literatura Brasileira*, pressiona a mesma tecla. E José Guilherme Merquior, em *De Anchieta a Euclides*, é claríssimo: para Machado, "os oprimidos não são melhores do que os opressores: assim que o libertam, o escravo Prudêncio, que o menino Brás maltratava, chicoteia sem piedade o seu próprio servo", que acabara de adquirir.

Mas desde o guru Abdias do Nascimento, em *O Genocídio do Negro Brasileiro*, nossos militantes racialistas primam pela ignorância no campo literário. Ao afirmar que os pretos brasileiros "são uns verdadeiros coagidos, forçados a alienar a própria identidade pela pressão social, se transformando, cultural e fisicamente [sic] em brancos", Abdias cita o caso de Gregório de Mattos, "o famoso satírico 'boca do inferno' que tão ferozmente ironizou os mulatos possuidores de amantes negras ou mestiças; seu ideal de beleza era a beleza branca". Temos, de cara, uma meia verdade: Gregório atacou não só mulatos e mulatas, mas pessoas de todas as cores, sexos e classes sociais. A outra meia mentira é que Gregório não só desancou, como celebrou mulatas: seu ideal de beleza não era simplesmente "a beleza branca". Basta lembrar, entre dezenas de exemplos disponíveis, o poema onde a beleza da mulata Tereza ("Seres, Tereza, formosa...") é por ele celebrada com uma delicadeza lírica digna dos *troubadors* da Occitânia. Mas o mais importante nem é isto − e sim o fato de Gregório não ser mulato, mas branco total, cristão velho, com "limpeza de sangue" atestada pelo tribunal da Santa Inquisição. Isso muda tudo! Nossos racialistas bem fariam em pensar sobre o caso. Em ver o significado desta cena em que um branco celebra a beleza mulata de Tereza, colocando-a acima do padrão estabelecido da beleza branca: "Se por todo mundo andara,/ Não vira no mundo inteiro,/ Nem riso mais feiticeiro,/ Nem mais agradável cara". E não reclamem, por favor, quando falo de ignorância. Se não querem ser chamados de ignorantes, estudem, leiam, se informem, pensem. Sim. E aqui chegando, e ainda em homenagem ao velho Abdias do Nascimento, lembro Sokal e Bricmont citando exemplos e mais exemplos de desonestidade intelectual e desconhecimento do pensamento científico em obras de Lacan, Luce Irigaray, Gilles Deleuze, Julia Kristeva, etc.: "é sempre bom saber do que se está falando". No caso dessa onda em torno da "identidade negra" de Machado, nossos racialistas não sabem.

Já com relação à apresentação de Lima Barreto como "afrodescendente", tal como é feita no livro *Lima Barreto: Triste*

Visionário de Lilia Moritz Schwarcz, não devemos falar de ignorância, obviamente, hesitando antes diante de um triângulo que traz as marcas da culpa, do oportunismo e do desaviso. Culpa: a branquinha "progressista" paulistana, politicamente corretíssima, investindo bravamente contra a maré racista da cultura dominante para realizar o resgate histórico de um "negro", ainda que à revelia dele mesmo. Oportunismo: a consagrada historiadora acadêmica da casa-grande "uspiana" marcando novos pontos ao fazer média com a corrente universitária hegemônica, nos Estados Unidos e no Brasil, do identitarismo e do politicamente correto – e assim conquistando os aplausos da já bem crescida plateia racialista de nossos neonegros. Desaviso: admitindo-se, o que evidentemente não é o caso, que ela fosse desinformada sobre tudo isso... Como esta última hipótese não é plausível, fiquemos, portanto, com os dois primeiros tópicos, em resposta aos quais nos vemos compelidos a classificar seu livro na novel categoria do *afro-oportunismo*. De fato, ela pretende surfar na onda dos múltiplos *studies*, na maré das novas modas político-acadêmicas norte-americanas. E aqui não posso deixar de me lembrar de Simone Weil dizendo sabiamente, em seu escrito "A Pessoa e o Sagrado", que a influência da moda é até mais forte sobre cientistas e pesquisadores do que sobre o formato de chapéus. Ainda mais que o livro em questão foi feito para cavalgar a tempo de uma nova edição da Flip – a Feira Literária de Paraty, abrigo atual de todos os esquerdofrenismos –, em homenagem justamente a Lima Barreto. Mas não vamos apressar o passo.

Muito se falou de uma linha de continuidade entre o mulato Machado de Assis e o mulato Lima Barreto. Eis o comentário de Tristão de Ataíde, por exemplo, nos seus *Estudos Literários*:

> Quando, em 1908, mansamente, se extinguia Machado de Assis, cercado pela vegetação perfumada desse Cosme Velho que tanto amou e ainda escutando a queixa cristalina das águas do Carioca, descendo do Corcovado — no outro extremo da cidade, em um desses longos subúrbios de árvores ralas e chalés coloridos, cortados pelos silvos da Central, vinha nascendo uma obra que ia prolongar a tradição, interrompida com a morte do grande humorista. Nesse ano, escrevia Lima Barreto as *Recordações do Escrivão Isaías Caminha*.

Mas, se há parentesco, um foi também o avesso do outro. Passadas as turbulências infanto-juvenis, Machado levou vida sóbria, confortável e segura. Lima, depois de uma infância relativamente tranquila, foi pobre, anarquista, amalucado, alcoólatra, caindo de bêbado pelas ruas do Rio. Machado foi romancista da classe dirigente e de seus subúrbios ricos. Lima abria o foco sobre o conjunto do mundo social carioca, centrando a luz na dor dos mais humildes. E com um conhecimento de arquitetura e urbanismo superior ao do meio literário brasileiro. Machado sempre posou de branco, silenciando sua situação racial. Lima encarou o racismo e falava abertamente de seus antepassados escravos. Em seu *Diário Íntimo*, anotou: "escreverei a História da escravidão negra no Brasil e sua influência na nacionalidade" — o que levou Gilberto Freyre a dizer que tinha realizado, à sua maneira, o sonho textual do romancista. Esta é a personagem que Lilia Moritz Schwarcz biografou. Um ato de coragem, depois que Assis Barbosa compôs, admiravelmente, *A Vida de Lima Barreto.*

E o livro de Lilia é feito com minúcia de pesquisadora. Com pleno conhecimento da vida do autor e da vida social brasileira no período. É sua grande virtude contextual: Lima *in situ* – e em situação. O problema é que o livro também se ressente de anacronismos, idealizações e simplificações. E toma como definitivos o politicamente correto e o jargão acadêmico-racialista hoje em voga nas faculdades e emissoras de rádio e televisão. Isto é: categorias "nativas" da sociedade norte-americana, produtos do horror puritano às misturas e mestiçagens, que nossos movimentos negros e o *establishment* universitário importaram para cá. Enfim, coisas que o próprio Lima classificaria certamente como "bovarismos", vale dizer, adoções acríticas automáticas do que vem "do estrangeiro". E com ele concordaria Stella de Oxóssi, Odé Kayodé, ialorixá-mor do Brasil na passagem do século XX para o XXI, definindo-se não como negra, mas como "marrom", em seu discurso de posse na Academia de Letras da Bahia:

> Tenho uma mente formada pela língua portuguesa e pela língua iorubá. Sou bisneta do povo lusitano e do povo africano. Não sou branca, não sou negra. Sou marrom. Carrego em mim todas as cores. Sou brasileira. Sou baiana.

O papo de Lilia é o avesso alienado disso. E ela chega ao ponto de dizer que Lima pode estar usando a palavra "mulato" como "termo provocativo", o que não é só anacrônico, mas ridículo – algo assim como imaginar que, na sua arquifamosa composição, Ary Barroso retrata o Brasil como "mulato inzoneiro" apenas para debochar do país. Na verdade, embora partindo de uma historiadora, a afirmação de Lilia mais não é do que um atestado de absoluto desconhecimento da história linguística do Brasil. É a Lilia-identitária em ação. Afinal, já na capa do seu livro, um hiperrealismo emprenhado de expressionismo, estampa-se esta ânsia de tratar Lima não feito "mulato livre", como ele mesmo se via, mas enquanto "afrodescendente", na pauta ideológica da gíria universitária atual. No entanto, Lima – cabeça mais sociológica do que antropológica – nunca se voltou para a África ou para culturas de origem negroafricana aqui florescidas (a "alma nagô" só vai ingressar na literatura brasileira com *O Feiticeiro* de Xavier Marques). Sua preocupação é o mulato carioca em busca de integração e ascensão sociais. Ou, por outra, ele está concentrado no presente mestiço do Brasil. Compare-se, por isso mesmo, o livro de Lilia com a biografia de outro mulato, André Rebouças, escrita (e bem escrita) por Maria Alice Rezende de Carvalho, socióloga e historiadora refinada e culta, que não perde tempo dando murro em ponta de fato. Em *O Quinto Século: André Rebouças e a Construção do Brasil*, longe de modismos e de pressões identitário-racialistas, Maria Alice fez um trabalho admirável, onde não contraria nem "reinventa" o seu biografado (muito estranhamente, é meu querido e admirado Luiz Werneck Vianna, no prefácio ao livro de Maria Alice, quem vai se render à importação conceitual racista norte-americana – no rastro do figurino adotado por Florestan Fernandes, a partir de novos caminhos formulados sob patrocínio da Fundação Ford, articulada à Casa Branca através do Departamento de Estado e da CIA – e tratar como "negros" o velho conselheiro Antonio Pereira Rebouças e seu filho André, sem atentar para o fato de que assim deforma e defrauda a história social e demográfica do Brasil, condenando-se ainda a não entender processos nacionais relevantíssimos, como o da ascensão social dos mulatos ao longo do século XIX, em especial, durante o reinado de Pedro II — ou Werneck acha que é possível falar de uma "ascensão social do negro" no período imperial?).

E terminamos a leitura do livro *Lima Barreto: Triste Visionário* com uma tremenda frustração. Lilia Moritz Schwarcz fala que Lima foi "afrodescendente" em vários sentidos — "por origem, por opção e forma literária". Mas em momento algum é capaz de nos explicar onde estaria ou se manifestaria, na criação romanesca de Lima, a tal da "forma literária afrodescendente". Ela não consegue nos dizer o que isto significa. Pelo contrário. Passa anos-luz distante do campo das estruturas textuais. Como se a coisa pudesse se resolver em boa vontade, em metafísica somática, em palavrório acadêmico ou em seu apriorismo ideológico — e não na materialidade mesma da escrita. Duas coisas, aliás, chegam a ser intelectualmente muito estéreis, superficial e lamentavelmente retóricas, no livro de Lilia. A primeira é falar de Lima se manifestando como grande conhecedor das religiões de origem negroafricana entre nós. Ela chega a distinguir, em nosso romancista, "um tom de especialista, que conhece de dentro" o sincretismo religioso. Bobagem. Lima não entendia nada dessas coisas. Sua formação era católica. E o máximo que podemos dizer é que tinha um olhar condescendente para a macumba e os macumbeiros. Se Lilia acha que ele era "especialista", é porque entende menos ainda do assunto. A segunda é a afirmação (nunca desenvolvida) acerca da "forma literária afrodescendente". Me explico. Podemos falar — tecnicamente — de influxo estético negroafricano numa composição poético-musical como "Gua" de Caetano Veloso, que parte do agueré de Oxóssi e não deixa de montar verbalmente uma espécie de neo-oriki, com palavras justapostas sem ligaduras sintáticas. Ou, no terreno mais propriamente literário, da visibilidade da influência africana num livro como *Ecué-Yamba-O*, do cubano Alejo Carpentier, ou nas construções epitéticas de Jorge Amado (*O Sumiço da Santa*, por exemplo) e de *Viva o Povo Brasileiro*, que aproximam o oriki e o texto homérico, quando João Ubaldo implica os orixás na Guerra do Paraguai. Mas nada de sequer remotamente parecido com esses exemplos lembrados de passagem pode ser dito a propósito da produção textual de Lima Barreto. Por tudo isso, a melhor coisa escrita sobre a vida de Lima Barreto ainda é a de Assis Barbosa, que sabe que, entre o preto e o branco, existem pelo menos uns cinquenta tons de cinza.

Mas deixemos Lilia e suas ânsias confusas, ideologicamente adolescentes, como se ela não fosse uma historiadora. Hesitei em acreditar quando deparei com a cretinice (ou a esperteza, vacilo em dizer) esquerdofrênico-identitária do ator-diretor Wagner Moura, justificando ter escalado um negão para fazer o papel de Carlos Marighella, no seu filme sobre o comunista baiano: "Para mim, Marighella é um herói negro". Só rindo. E foi o que fiz logo em seguida, ao ler um comentário do poeta e *designer* André Vallias sobre o assunto:

> Será que ele nunca leu uma sílaba do que Marighella escreveu?
> Só falta agora convidar Elisa Larkin [a viúva branca de Abdias

do Nascimento] para o papel de Clara Charf [a viúva judia de Marighella]... e aí teremos o filme Movimento da Guerrilha Negra Unificada.

A irritação de Vallias era evidente – e ele a traduziu em deboche. No porte e postura de Moura o que vejo é desrespeito pela história e pela realidade antropológica. O problema não é de cor, mas de ideologismo chinfrim. Um diretor pode muito bem colocar um preto no papel do judeu Bob Dylan (Robert Zimermann é seu nome de batismo, se não me falha a memória). O que vai ficar ridículo é se ele disser que assim o faz porque, para ele, Dylan é um "herói negro". Ou talvez tudo se reduza a uma grande dose do mais puro oportunismo, já que me dizem que a personalidade escolhida para fazer Carlos Marighella é hoje sucesso de massa no Brasil – e pode salvar financeiramente a produção do filme, que parece ter andado aos tropeços. Não sei, não posso dizer. Não conheço nada do que se passa nos bastidores do atual ambiente cinematográfico brasileiro, nem tenho o mínimo interesse em saber o que aí acontece ou deixa de acontecer.

O absurdo político e cultural – nessa tolice de falsear Carlos Marighella como "herói negro" – é tratar o grande lutador anti-imperialista, guerrilheiro urbano, comandante da Ação Libertadora Nacional, na pauta da classificação racista/imperialista da *one drop rule* norte-americana, que virou moda e dogma em nosso meio político-acadêmico neonegro, graças ao capachismo mental de um ativismo racialista tão colonizado quanto semiletrado. Marighella, bem ao contrário, tinha perfeita consciência de nossa realidade socioantropológica. Definia-se orgulhosamente como mestiço tropical brasileiro, celebrando explicitamente sua avó hauçá, a preta Maria Rita (sua mãe malê, cozinheira de carurus "de preceito" no Recôncavo Baiano) e seu pai italiano, Augusto Marighella, anarquista da região da Sicília, amigo da dupla que criou o trio elétrico na Bahia. Escreveu sobre isso, inclusive – e sobre a mestiçagem de um modo geral. Compôs poemas onde fala de sua vivência baiana, do cais do porto, da capoeira, de sua ascendência ítalo-africana, do Brasil mestiço. De outra parte, no depoimento "Quando a Primavera Chegar", enfeixado na coletânea *Carlos Marighella, o Homem por Trás do Mito* (organizada por Cristiane Nova e Jorge Nóvoa), a militante Ana Montenegro, que foi levada ao Partido Comunista Brasileiro pelo próprio Carlos Marighella, recorda:

> [Marighella] contava muitas histórias do seu tempo de prisão, mas não a sua história. Alguém que viveu com ele, na mesma cela (no Estado Novo), me disse que, depois de uma das sessões de tortura, suas costas estavam completamente negras e que lhe arrancaram as unhas. Um dia, referindo-me a isso, eu lhe perguntei: 'Afinal, quem é você?'. Ele me respondeu, com aquele sorriso de dentes brancos: 'Um mulato baiano'.

E ainda: "Cadê o mulato? Você viu o mulato? Era assim que nos referíamos a Marighella, no Rio de Janeiro". Em seu livro *Bahia de Todos os Santos – Guia de Ruas e Mistérios*, ao acender a luz sobre a personalidade do seu amigo Marighella, o escritor Jorge Amado fala, logo de saída, de sua "graça de moleque nascido nas ruas da Bahia". E Marighella foi isso mesmo. Um moleque mestiço. Um mulatinho das ruas, becos, ladeiras e praças da Cidade da

Bahia. Nunca deixou de sê-lo. E agora vão querer transformá-lo em racialista *avant la lettre*? Num racifascista furibundo? Não: mais ainda, muito mais do que o que vemos no trabalho de Lilia Moritz Schwarcz, o estelionato político-cultural inscreve o ator Wagner Moura em cheio na supracitada categoria do *afro-oportunismo*. Nesta espécie de baixo espiritismo demagógico que parece seduzir tanta gente hoje no Brasil. Garantindo, claro, o acesso lucrativo a uma fatia de mercado. E a turma de Moura ainda teve a cara de pau de querer dar a impressão de que o filme foi censurado, quando o que houve foi que a Ancine se recusou a adiantar a parcela referente ao lançamento da película, em consequência de algum problema com a prestação anterior — me informa João Carlos Rodrigues, acrescentando que hoje nem sequer existe mais censura prévia no país.

De outro ângulo, mas ainda para tentar entender o afã simplificador ou a ânsia simplicista de transformar figuras complexas em personagens rasas, tal como vemos em meio à turma que embarcou no trem ideológico da onda multicultural-identitária, recorro livremente a uma classificação didática do romancista E. M. Forster, em *Aspects of the Novel*. É neste escrito que Forster introduz sua célebre divisão das criaturas construídas em nossas obras romanescas, separando-as em personagens fundas (ou "redondas") e personagens rasas, que é a categoria que aqui me interessa. Na expressão do próprio Forster, *flat character* ou "personagem plana" é o "tipo" construído "ao redor de uma única ideia ou qualidade". É a personagem esquemática, carente de nuances, sutilezas, ambiguidades, contradições. E o que vemos, na atual voga multicultural-identitária, é o esforço para reduzir a complexidade à unidimensionalidade – ou a transformação de personalidades ricas em *flat characters*. É o que se quer fazer com Machado, a encarnação mesma do paradoxo e da ambiguidade. Figuras planas tornam-se também Lima Barreto e Carlos Marighella. E o problema já começa com a natureza mulata de todos. Com a mestiçagem. Para se prolongar no caráter mestiço de seus pensamentos. A lógica binária não pode aceitar o meio-termo ou um terceiro termo – se o fizer, desmantela-se. Seres híbridos, ambíguos ou complexos não cabem no invólucro da personagem-tipo, da figura monocromática ou unívoca, do sujeito definido em alto contraste na claridade artificial de estúdios ou de gabinetes. É por isso que, mesmo quando se veem às voltas com personalidades complexas, o empenho do multiculturalista-identitário é todo para reduzi-las forçosamente ao estatuto de personagens planas. É preciso tipificar ou mesmo caricaturar, como no caso de tratar Marighella como "herói negro".

Penso também que é por isso mesmo que essa gente evita encarar uma personalidade híbrida e complexa como Roberto Marinho, ao mesmo tempo "afrodescendente" e rico, como se fosse possível um "oprimido" ser todo-poderoso, inclusive com relação aos rumos do país. Tenho para mim que figuras como a de Roberto Marinho (que usava pó para disfarçar a cor da pele, como aquele jogador de futebol que acabou gerando o epíteto negativo de "pó de arroz" para designar o Fluminense) ou a roda de relações sociais do africano (de "nação jeje-mahi") Francisco Nazareth d'Etra, reunindo algumas das personalidades negras mais complexas de nossa história, desconcertam a mentalidade linear e maniqueísta dos identitários. Vejam, a propósito, o estudo "O Terreiro do Gantois: Redes Sociais e Etnografia Histórica no Século XIX", de Lisa Earl Castillo, publicado na *Revista USP*. O negro Nazareth ainda era escravo quando comprou seu primeiro escravo, um preto de "nação cabinda". Nenhuma novidade: ele mesmo fora escravo de outro escravo, que conseguiu a alforria antes dele: José Antonio d'Etra, um dos africanos mais ricos da Bahia, que chegou a possuir um plantel de 50 negros escravizados; teve patente de capitão-mor de assaltos e entradas, escolhido para combater os quilombos que se reproduziam no Recôncavo Baiano; e foi da irmandade negra do Bom Jesus das Necessidades, que tinha irmãos pretos envolvidos diretamente no comércio negreiro. O próprio padrinho de Francisco Nazareth, o também africano (e também jeje) Antonio Narciso Martins da Costa, trabalhava tranquilamente, entre outras coisas, como mestre de navios negreiros, considerando a escravidão uma coisa normal, de sua perspectiva africana (por falar nisso, em iorubá, "escravo" se diz *erú*).

Seria interessante, nesse contexto, examinar o sincretismo que vincula Santo Antonio e Ogum (o orixá nagô do jeje Nazareth, em mais uma confirmação de que a definição "candomblé jeje-nagô" é correta): Ogum, o leão da floresta fechada (como o define um de seus orikis), orixá da tecnologia, tanto pode ser um construtor quanto um demolidor feroz, deus dos guerreiros; Santo Antonio era patrono do exército, padroeiro dos caçadores de escravos fugidos. Nazareth, que foi casado com a ialorixá Maria Júlia da Conceição, participou da criação dos candomblés do Bogum e do Gantois, cultivando Ogum, saudando orixás e voduns. Nossos identitários, quando se deparam com gentes e coisas assim, com personalidades nada "planas" à Roberto Marinho e Francisco Nazareth, ficam ofuscados ao ponto de se verem obrigados a desviar o olhar. A fechar os olhos — ou a não entenderem nada. Roberto Marinho e Francisco Nazareth — ou ainda com uma figura fascinante como a do autodeclarado mulato André Rebouças (descendente do casamento bem sucedido de um alfaiate português branco com uma preta baiana alforriada; seu irmão Antonio, aliás, que passou boa parte da vida no Paraná e chegou a ser sócio de Mauá, teve seu nome dado a importantíssima via pública paulistana, a Avenida Rebouças), engenheiro de cultura incomum, que chegava a passear ao sol-pôr em Petrópolis, na companhia do amigo Taunay (autor do excepcional *A Retirada da Laguna*), com seus "belos cabelos louros", e do próprio imperador Pedro II.

8 | A onipotência do palavreado

NÃO SURPREENDE QUE, NESSE campo de tantos estelionatos e simplificações, de tantas fraudes e tolices, enrame-se, por assim dizer, a crença numa nova magia nominalista. Lembro-me de um folclórico governador baiano que, diante de uma favela violentíssima chamada Invasão das Malvinas pelos seus próprios moradores, rebatizou o lugar como Bairro da Paz e achou que, com isso, tinha resolvido o problema. Vamos ver mais ou menos o mesmo procedimento no horizonte político-cultural norte-americano das décadas de 1980-1990. O combate à cultura estabelecida chegou ao domínio idiomático. As pessoas se dispuseram a agir sobre a língua para mudar o mundo. Não deixa de ser uma inversão curiosa. Seria mais sensato agir sobre o mundo para mudar a língua. Afinal, as cores existem não porque tenhamos palavras para elas. É o contrário. Existe um léxico das cores porque, graças ao maravilhoso equipamento ótico com que fomos premiados, o mundo humano é colorido. Mas não era bem assim que a turma ativista pós-moderna pensava. Formou-se então a onda do vocabulário e dos torneios frásicos "politicamente corretos". E a *political correctness* foi prontamente trazida para cá, sem intermediações, por nossos copistas sempre de plantão.

No começo, tratava-se de uma mera prática de redenominação das coisas, em busca de palavras ou arranjos verbais supostamente menos comprometidos com a ideologia dominante ou com hábitos linguísticos arraigados (ou mesmo "sintagmas cristalizados", para lembrar a terminologia de Saussure) que traziam em si uma visão depreciativa de determinados tipos de gente, certos grupos sociais ou étnicos, esta ou aquela formação cultural. Depois, como sempre, veio a deliração extremista. E os multiculturalistas-identitários-etc. resolveram, muito simplesmente, mexer em aspectos estruturais da língua, especialmente com relação à classificação gramatical dos gêneros. Para, finalmente, chegar ao reino do discurso atravancado por pedregulhos verbais, entre amigxs, velhxs, colegxs, companheirxs, etc. Depois da velha "língua do P", surgia então a nova língua do xis. Ou, como me diz um amigo, a língua de Ideia Fix, o cachorrinho do Asterix. Não satisfeitos, os x-parlantes passaram a querer impor suas decisões linguísticas ao corpo da sociedade, até mesmo em plano legislativo, a exemplo do que acontece no Canadá, onde idiossincrasias identitárias ganharam força de lei. Como se sabe, o psicólogo Jordan Peterson ficou famoso justamente por se rebelar contra a imposição legal expressa em esdrúxulo emprego pronominal. Tudo porque militantes do pós-tudo canadense resolveram que a partícula verbal *they* (que em inglês significa tanto "eles", quanto "elas") deveria ser usada, como forma singular, com referência a pessoas que se dizem "não-binárias". Ou seja, indivíduos com problemas de identidade de gênero escolhem um pronome para si e exigem que o resto do planeta passe a tratá-los com este pronome. E, no Canadá, conseguem que isso vire lei (veja-se, a propósito, o livro *As Ideias e o Terror*, de Bruna Frascolla, ainda inédito). Se, no capítulo inicial, a ignorância militante já produzia seus disparates, neste segundo momento, o absurdo começou a querer ditar regras. A ditá-las. E a coagir os demais a aceitá-las. Peterson bateu na mesa. E a confusão está criada. Mas também aqui entre nós, no meu velho e querido Brasil, a confusão mental faz das suas no chamado "poder judiciário". Bruna:

> Recentemente o nosso STF resolveu que não é mais necessário acompanhamento médico para mudar de sexo e que qualquer um pode ir ao cartório escolher um novo prenome e sexo. Na lei brasileira ainda reconhecemos apenas homens e mulheres – sejam trans ou não –, mas agora a discriminação contra LGBT foi equiparada ao racismo. Com a primeira decisão, um homem que queira se aposentar mais cedo pode ir ao cartório e se declarar mulher. Com a segunda, poderá ganhar uns trocados processando por injúria aqueles que forem transfóbicos a ponto de o chamarem pelo gênero masculino.

Que tal?

Bem, vamos aos poucos. Para começar, podemos nos lembrar da luta para abolir o emprego de elementos lexicais considerados ofensivos, humilhantes, etc. Foi coisa muito visível no plano do tratamento verbal que se passou a dispensar, por exemplo, a deficientes físicos (aliás, observadores mais atentos do que eu já devem ter notado uma coisa: na disputa por um emprego, deficientes físicos se dizem iguais a todos;

A ONIPOTÊNCIA DO PALAVREADO 119

emprego conquistado, voltam atrás – declaram-se portadores de necessidades especiais e exigem tratamento diferenciado). Nunca me esqueço de que, numa reunião no hospital Sarah Kubitschek, houve um marqueteiro que sugeriu que aleijados (um palavrão!) passassem a ser denominados "pessoas diversamente habilitadas". Era ridículo, claro. E certa vez deixei uma plateia em silêncio, num debate realizado em Belo Horizonte, quando indaguei: como é mesmo que vocês estão se referindo agora ao Aleijadinho? Mas, mesmo quando não chegávamos ao ridículo, as coisas não eram tão simples assim. Substituir a palavra "cego" pela expressão "deficiente visual", por exemplo, destruiria boa parte do melhor da criação poética da humanidade. Basta lembrar o belo poema quinhentista onde Mark Alexander Boyd se declara guiado por um cego e uma criança. E como refazer tantos folhetos de cordel, o poema de Kilkerry ("ceguei... ceguei da tua luz?") ou o título e o texto do romance de Saramago? Seremos tão cegos assim? Palas Atena podia ter olhos verde-mar, mas Édipo arranca os seus. E a mudez? Ou até o fingimento da mudez, como no texto que Guillem de Peitieu escreveu ainda no século XII (*En Alvernhe, part Lemozi/ M'en aniey totz sols a tapi...*)? Pobre Tirésias. Pobre Dante. Pobre Shakespeare. Pobre Pound. E o que fazer com Gerty Macdowell, a Nausícaa coxa e manca do romance de James Joyce? Existem mulheres feias, Gerty, mas você com certeza não é uma delas – é apenas aleijada.

Mas o fato é que a coisa foi adiante, com a tentativa de riscar do mapa da língua vocábulos julgados nocivos ou ultrajantes também no terreno (ou na cama e na lama) das práticas sexuais. Não devíamos chamar ninguém de bicha, veado, sapatão, etc., apesar da referência de Lula às mulheres petistas do "grelo duro" (que, ao contrário do que se disse na época, na tentativa de livrar a cara do ex-sindicalista, nunca foi expressão popular nordestina). Putas eram "profissionais do sexo". *And so on.* Mas muitos, dos que seriam supostamente beneficiados com as re-denominações linguísticas, julgaram-se, ao contrário, malefi-ciados, ainda que sem protestar publicamente. Lembro-me, por exemplo, de uma conversa com o historiador e antropólogo Luiz Mott, criador do Grupo Gay da Bahia, me dizendo: "ago-ra, me vêm com essa conversa de que não posso mais chamar ninguém de veado, veja só!". Gabriela Leite disse que adorava ser "puta". E minha querida Angela Ro Ro, no *facebook*: "Gay é o cacete! Eu sou é sapatão!". Ao lado disso, alguns temas se tor-naram tabus. A feiura, por exemplo. Não faz tempo, assinalei *en passant*, numa entrevista, a feiura atual da população baiana. Disse que o número de pessoas feias crescia diariamente nos ba-res, nas ruas, nos *shoppings*, nas praias. A reação foi pesada. Não porque as pessoas discordassem. O problema era anterior a isso: elas não admitiam que ninguém achasse alguém feio. Era o re-lativismo chegando à estética dos seres humanos. Na minha opinião, pura vaidade. Falamos tranquilamente de animais e aves feios e bonitos. Mas estamos proibidos de classificar a espé-cie humana nos mesmos termos, embora os bichos costumem ser bem mais belos do que nós. Além disso, penso que só al-guém muito insincero ou insensível vai dizer que nunca sentiu o impacto poderoso da beleza de uma pessoa. A porrada algo eletrizante provocada pela irrupção de alguém real e lumino-samente belo em nosso campo de visão. De minha parte, não posso fazer nada: sei muito bem o que é isso.

Essa mesma tolice linguística foi levada para o campo das culturas. Como aprendemos não com o "neo", mas com o velho e verdadeiro marxismo — em *A Ideologia Alemã*, onde Marx e Engels, mostrando todo o seu apreço pela qualidade formal dos objetos estéticos, citam *Os Lusíadas* em português —, as ideias e práticas da classe dominante tendem a se tornar social e culturalmente hegemônicas. Nesse campo, é notável como culturas populares (dominadas, subalternas, não-hegemônicas) buscam se legitimar, afirmar-se como dignas de existência e respeito, passando a aplicar a si próprias o mesmo vocabulário que é usado com relação a manifestações culturais cultivadas por classes bem postas na estrutura hierárquica de nossas sociedades. Vimos isso quando, numa postura que bem poderíamos classificar como racista, militantes neonegros passaram a escantear denominações bantas e iorubanas, no mundo do candomblé, para em seu lugar empregar expressões católicas. Era o "oprimido" copiando o "opressor", no afã ou na sofreguidão de assim conseguir conquistar alguma "respeitabilidade". Isso foi bem visível nas décadas de 1980-1990. Militantes racialistas passaram a falar de "templos religiosos negros", em substituição ao sintagma "terreiros de candomblé", muito mais significativo. A usar "sacerdotisa" no lugar de "mãe de santo". Etc. Naquela época, ouvi censuras racialistas por empregar vocábulos sonoros, a exemplo de bozó e macumba, como se estes fossem estranhamente depreciativos. A ialorixá me mandou arriar um bozó (ou ebó)? Não, nunca. Eu deveria dizer: a sacerdotisa me falou para fazer uma oferenda propiciatória... E eu contra argumentava, para surpresa de meus detratores, dizendo que bozó e macumba eram expressões de origem negroafricana, nascidas nas línguas bantas. Yeda Pessoa de Castro identificou suas raízes, como nos mostra em *Falares Africanos na Bahia*. Bozó vem da língua kikongo — *mbóozo* —, onde significa "encanto", "feitiço". Macumba, por sua vez, existe nas línguas kikongo e kimbundo: *makuba*, "reza", "invocação". Nessa mesma batida, um comissário neonegro do grupo Olodum (que destruiu grosseiramente a sede que Lina Bo Bardi projetou para o bloco) pediu que não tratássemos a moçada da banda como "batuqueiros" — e sim como "percussionistas". Contestei. Também "batuqueiro" é uma palavra banta — ou luso-banta, já que o sintagma africano é seguido de um sufixo português. Vem de *vutuki*, "batuque". Já "percussionista" é do latim *percussio, percussionis*, "ação de bater". Por que eles, que eram mulatos escuros, queriam evitar o uso de palavras africanas no português do Brasil? Por que consideravam que palavras portuguesas/latinas eram mais nobres, por assim dizer? Eu gostava de lembrar, ainda, que todos os brasileiros, de qualquer cor ou classe social, empregavam a palavra *caçula* para designar o filho mais novo da família ou ninhada — palavra banta, também, derivada de *kasuka, kasule* — e não a palavra "benjamim", como se diz em Portugal ou na própria Angola.

Mas tais procedimentos não estacionaram por aí, bem ao contrário. Roland Barthes observou certa vez, acho que em seus *Elementos de Semiologia*, que os revolucionários de 1789 falaram em desmantelar tudo, menos a língua francesa. Claro. Nenhuma comunidade humana existe sem a sua língua. Ela é a mais fundamental de todas as instituições sociais. E não só. Línguas são cosmovisões milenares. Quando dizemos que cada língua é uma visão de mundo, isto não significa que ela é uma ideologiazinha qualquer encontrável ali na esquina. A língua ordena/organiza/estrutura o nosso entendimento do mundo. O mundo é visto em termos de nossas estruturas verbais. Da lógica sujeito/predicado, por exemplo. Do "agrilhoamento sintático formal" das "línguas isolantes". Etc., etc., etc. E então: vamos suprimir os verbos e dinamitar a sintaxe ("desmilitarizar" a língua, para falar em termos contraculturais)? Isso é possível no campo do fazer textual criativo: um poema construído só com sintagmas nominais, justapostos diretamente, livres do fardo das imposições lógico-sintáticas. Mas no campo da língua prática, cotidiana, operando no campo das trocas sígnicas diárias, no plano da comunicação social – não. Ou ninguém vai conseguir sequer conversar. Me lembro que, às vezes, em suas preleções não raro etílicas, Décio Pignatari investia pesado contra o discurso por subordinação (hipotaxe), regido por um monstro chamado *Hierarchus*, e celebrava o discurso por coordenação (parataxe), que se estruturava por conjunções não adversativas, ou à maneira da lógica ideogrâmica, sem deixar espaço para hierarquizações. E então, vamos radicalizar? Detonar os discursos hipotáticos e só disparar mensagens de caráter paratático? Tudo bem, mais uma vez: isso é possível no campo da criação poética; no da ação comunicacional prática cotidiana, não. Diante disso, escrever "amigxs", achando que isto é uma subversão ideológico-cultural dessa cosmovisão específica que é a língua portuguesa, definindo-se gradualmente sob a dominação romana de terras e povos ibéricos, mais parece uma brincadeira de crianças. A propósito disso, não posso deixar de me lembrar aqui de uma expressão do poeta chileno Vicente Huidobro, no *Altazor*: coisa de "manicures da língua".

Sempre que lembro essas realidades básicas, me repetem o mesmo truísmo: mas tudo muda, a língua também! Claro que as línguas mudam. E pelas mais variadas razões, motivações e determinações. Mas vamos clarear o campo, para evitar confusões primárias. Uma coisa é a mudança processual ocorrendo, a partir da fala, dentro da lógica da própria língua (a que vai de "vossa mercê" a "você", por exemplo). Outra coisa é uma tentativa instantânea de imposição ideológica, artificial, "desde fora", de uma partícula linguística ou de uma justaposição de partículas — como em "amigxs" ou "*he or she*". Coisas que nem sequer nascem na fala, que é a prática da língua. Não: são monstrinhos verbais criados do nada e exclusivos da escrita político-acadêmica, brotando de fórmulas discursivas geradas em tubos de ensaio, no laboratório dos novos ideólogos da língua. Maiakóvski escreveu "o povo, o inventa-línguas" — e não "o ativista, o inventa-línguas". A diferença está toda aí. A língua se transforma no tempo e em plano de massa. Não em consequência de uma decisão tomada de súbito por alguns gatos pingados basicamente iletrados, reunidos em horário comercial num departamento universitário qualquer. E não é só. Como de praxe, esses ideólogos, embora discursando sempre em nome de tudo que soe libertário, primam pelo autoritarismo. As mulheres gritam, dizendo que estão falando em nome de todas as mulheres e até de todas as minorias. Se alguma mulher ou algum *gay* discorda, diz que não se sente representado por "x", elas fazem ouvidos de mercadoras. Ou, o que é pior, sem distinção de sexo: tentam classificar, quem não concorda com a "virada ideológica da língua", como direitista, conservador, inimigo mortal das mulheres e das "minorias". É mais um capítulo de um filme antigo, que conhecemos de há muito tempo: o libertarismo liberticida. Sinto muito. Mas jamais conseguiria pensar que eu estaria promovendo alguma transformação sociocultural de relevo porque, desde ontem à noite ou de hoje de manhã, passei a escrever "amigxs". Podem me incluir fora do time dos/das manicures da língua. Por falar nisso, estou à espera do genial cineasta identitário que irá fazer um longa-metragem inteiro na língua do xis.

Sou gellneriano, neste sentido preciso: a obrigação de respeitar todas as pessoas não me obriga a considerar igualmente válidas as ideias que elas carregam... quando as têm. Respeitar cada homem e cada mulher, cada pessoa (em sentido literal, e não uma essência, "pessoa humana") é coisa que todos devemos fazer. Simone Weil, mais uma vez:

> Existe em cada homem [Simone emprega a palavra "homem" no sentido geral de indivíduo da espécie humana] algo sagrado. Mas não é sua pessoa. Tampouco é a pessoa humana. É ele, esse homem, pura e simplesmente. Eis um transeunte na rua que tem braços longos, olhos azuis, um espírito em que circulam pensamentos que ignoro, mas que talvez sejam medíocres. Não é nem a pessoa dele nem a pessoa humana que me são sagradas. É ele. Ele em sua totalidade. Os braços, os olhos, os pensamentos, tudo. Eu não atentaria contra nada disso sem uma hesitação infinita. Se a pessoa humana fosse o que há de sagrado nele para mim, eu poderia facilmente cegá-lo. Sem visão, ele será uma pessoa humana, e tanto quanto antes. Eu não terei atingido a pessoa humana nele. Terei atacado apenas seus olhos.

O problema, com a "pessoa humana", é que ela bem pode carregar ideias totalmente abomináveis ou estúpidas. Foram pessoas humanas, humaníssimas, que fizeram o tráfico negreiro, os campos de concentração na Alemanha nazista, os delírios sanguinários do stalinismo e do maoismo, as guerras do Vietnã, do Afeganistão e do Iraque. O curioso é que, sempre que digo que respeito pessoas e não suas ideias, identitários logo protestam em voz alta, batendo na mesa, como se não fossem eles os que mais sistemática e violentamente desqualificam e desrespeitam as ideias dos outros.

Por fim, digo que não por acaso fiz antes referência à magia nominalista. Encontramos, em diversas práticas mágicas e religiosas, a crença na chamada *onipotência do pensamento* — vale dizer, a crença de que o pensamento pode por si mesmo, sem recorrer à práxis, afetar ou transformar o mundo externo. De certa forma, não deixamos de ver algo de semelhante a isso na crença de que alterações programáticas ou ideológicas na língua irão produzir alterações na realidade envolvente. E assim a adoção do vocabulário politicamente correto ou da língua do xis (ou do que quer que venha a substituir este fonema que, a depender dos seus vizinhos dentro da sílaba, resulta praticamente impronunciável para nós — ou pelo menos de sonoridade excessivamente estranha a um pobre falante da língua portuguesa) bem pode ser classificada como uma espécie de crença na *onipotência do palavreado*.

A ONIPOTÊNCIA DO PALAVREADO 127

9 | Superar o *apartheid*, reencontrar a democracia

JÁ ME REFERI AQUI AO LIVRO *A Vítima Tem Sempre Razão?*, de Francisco Bosco. A análise de Bosco parte de uma hipótese estimulante e de uma afirmação que me parece restritiva. A hipótese é o deslocamento do lugar da cultura na mentalidade nacional. A afirmação aponta para o surgimento de um "novo espaço público" brasileiro. No primeiro caso, Bosco defende que

> o país passou, nos últimos anos, por um processo de desculturalização: não é mais a cultura que está no centro da autoimagem da sociedade, e sim a política.

Penso eu que esta "desculturalização" não é exatamente nova (a conheci na década de 1960, presidindo a discussões sobre o destino da música popular brasileira, então oscilando entre os tropicalistas e as criaturas do Centro Popular de Cultura, geradas pelo pré-diluviano PCB, Partido Comunista Brasileiro) e agora vem bem mais pesada, graças, entre outras coisas, ao processo mais geral de decadência do nosso sistema educacional (que, em vez de matriz de informações estéticas e intelectuais se transformou em fábrica de ignorância) e, mais imediatamente, ao fato de o multiculturalismo e o politicamente correto terem atacado a alta cultura e a qualidade, substituindo-as pelo critério único da "ação afirmativa". Por aqui ou por ali, a cultura viu-se inteiramente atrelada à política, que se tornou sua senhora absoluta e discricionária. Mesmo quando o ato político é encarado em plano performático, como no caso da até bem pobre estetização da violência entre os *black blocs*, nas manifestações públicas brasileiras de junho de 2013. Enfim, só a política passou a pesar. No bolso, inclusive. Artistas passaram a ser financiados não pela qualidade do seu trabalho, mas pelo princípio da política de cotas, que Lúcia Lippi tão bem definiu nos termos de uma *institucionalização da compaixão*. Entre nós, os famosos "editais" oficializam isso. O que, além de tudo, significa um tremendo alívio para os identitários, que, regra geral, além de convictos e inabaláveis praticantes da lei do menor esforço, costumam ser intelectualmente medíocres e esteticamente bem mais medíocres ainda. Maravilha isso, não? Em vez de correr o risco de ouvir que o seu produto é ruim, o identitário já se antecipa aos berros, acusando o provável crítico de elitista, racista, inimigo do povo, etc. O "novo espaço público", por sua vez, teria nascido do colapso do lulismo, dos conflitos abertos pelas manifestações de junho de 2013 e do casamento das lutas identitárias com as redes sociais. Aqui, a disposição central não é mais para a discussão, o diálogo e o entendimento, mas para o confronto, o enfrentamento sistemático e sistematicamente agressivo.

Nesta direção, eu ainda teria pelo menos duas coisas a dizer. Primeiro, não penso que devamos falar de "novo espaço público" no Brasil sem incluir os "evangélicos" e a polarização religiosa e, ainda, lulistas, antilulistas, bolsonaristas e a polarização político-ideológica. Acho que Bosco não fez isso por conta do seu recorte, centrado nos identitários. Mas a inclusão da luta religiosa e da luta mais estritamente política nos dá uma visão mais ampla do momento, exigindo uma leitura menos esquemática das coisas. Assim, o que teríamos seria o seguinte quadro principal (onde "x", como sempre, significa *"versus"*, que até isso o analfabetismo atual anda esquecendo), com cada manada correndo nervosamente em sua baia: racialistas neonegros x não-negros; lulistas x bolsonaristas; mulheres *"radfems"* x homens; evangélicos x não-evangélicos. Então, o que me impressiona em primeiro lugar, no atual horizonte brasileiro, não são principalmente os "identitários". É o quadro de polarização violenta, brutal mesmo, onde a norma é o ataque e a agressão ao outro, ao diferente, ao desviante. O inimigo é o dissenso (em última análise, a democracia). Os identitários são apenas um capítulo disso, especialmente nas redes digitais, onde lulopetistas e direitistas também não se cansam de trocar porradas entre si e de agredirem os geralmente mais discretos e educados militantes de outras esquerdas ou membros do centro democrático, com inclinações à direita ou à esquerda. Em segundo lugar, como o recurso mais constante na campanha contra a outridade tem sido moral, sublinho, mais uma vez, que o dualismo maniqueísta opressor/oprimido não é capaz, por si só, de demarcar uma separação entre o Bem e o Mal — e, muito menos, de instaurar uma ética. Em terceiro lugar, a fantasia pós-moderna da "inacessibilidade do outro" se converteu, de fato, na insularização do mesmo e na recusa a aproximações de estranhos. Assim, como feministas não querem não-mulheres se manifestando no pedaço delas e pretos (fenotípicos ou simbólicos) não querem saber de não-pretos (são todos racistas, afinal) no pedaço deles, sinto-me inclinado a definir o "novo espaço público", de que fala Bosco, não como verdadeiramente público, mas, algo paradoxalmente, como uma espécie de condomínio público de espaços privatizados.

Concordo com Camile Paglia, quando ela diz que a política identitária deve desaparecer para que a cultura e a liberdade de pensamento floresçam. Mas diria isso de forma algo mais atenuada: deve ser abandonada, deixada para trás. Nem levo tão a sério a retórica incendiária do identitarismo: ainda aqui, como dizia o velho dito popular, cão que late, não morde. A adesão ao mundo social e ao mundo cultural (em sentido antropológico) estabelecidos me parece evidente não só em meio às massas de "oprimidos", mas também em meio às minorias militantes. Russell Jacoby:

> Todas as culturas 'diferentes' sonham com o sucesso americano, planejam alcançá-lo e às vezes o alcançam. Só os ideólogos do multiculturalismo não ficaram sabendo.

Para dar somente um exemplo, lembro de Charles H. Nightingale mostrando, em *On the Edge: A History of Poor Black Children and Their American Dreams*, como aquelas crianças socialmente desprivilegiadas conheciam com intimidade marcas de produtos caríssimos, do tênis *Nike* a carrões conversíveis. Ou, ainda, apontando o "consumo ostentatório" dos *rappers* e observando que o *rap* evidencia "uma preocupação com o consumo e a aquisição que jamais caracterizou o antigo *soul* e os sucessos do *rhytm and blues*". Mas não é diferente a paisagem militante, repito. Todos falam a mesma língua, adotam os mesmos estilos vestuais, dedicam-se aos mesmos tipos de atividades, fazem esportes, comem coisas parecidas, assistem aos mesmos filmes e programas de televisão, querem subir na vida e, se possível, fazer sucesso. Enfim, radicais ou não, todos querem e procuram estar no *mainstream*. Todos confirmam o *status quo*. Não se trata de ir muito além de nada dessas coisas.

E isso vale também para o Brasil. Na massa e na militância. Veja-se a questão sociorracial. Entre o final do século XIX e começos do XX, vale dizer, na conjuntura imediatamente pós-Abolição, existia já, nas principais cidades brasileiras, uma elite mulata em formação. E foi justamente esta elite, conseguindo furar o bloqueio do *ancien régime* e chegar à classe média, que deu substância e contornos à reivindicação coletiva dos negromestiços, então a reclamar o seu lugar ao sol, na nova ordem competitiva que se implantava no país. Queriam franqueados, também para eles, os direitos e as garantias legalmente assegurados a todos os cidadãos brasileiros. Ou seja: tratava-se de fazer com que a sociedade capitalista fizesse valer seus próprios princípios — ou, por outra, a sociedade aberta não podia continuar sendo um clube fechado. Nesse caso, pretos e mulatos já estabelecidos consideravam que a ascensão social da "gente de cor" passava pela assimilação dos padrões brancos de classe média. Era preciso combater o alcoolismo, a vagabundagem, a prostituição. Roger Bastide está certo quando, em seus *Estudos Afro-Brasileiros*, diz que a imprensa negra surgida em São Paulo representava muito mais a ideologia classemediana preta do que a opinião da massa mulata. O que prevalece é a imitação da pequena-burguesia branca. Basta lembrar que a Frente Negra, em seu esforço educacional, oferece cursos de catecismo, não de candomblé. A vanguarda negromestiça paulista estava muito mais próxima do crioulo puritano classemedianizado dos Estados Unidos do que da mulataria dos morros cariocas ou dos astuciosos macumbeiros baianos. É por isso que falamos que a ideologia daqueles pretos era "integracionista". Hoje, a paisagem é algo diversa. Naquela época, para se integrar, o negro se afastava de signos africanos e adotava roupas, modos, modelos e condutas brancas. No rastro de ideólogos ligados à (ou mesmo bancados pela) Fundação Ford, de Florestan Fernandes, etc., que pregavam a criação e manutenção de uma suposta unidade "racial" negra e sua diferença "separatista" com relação ao "mundo branco", a coisa mudou. Nossos neonegros continuam querendo alargar espaços de integração, ampliando sua participação no mercado e na sociedade — mas querem se integrar não se fantasiando de brancos, mas com suas diferenças pretas, da arte corporal dos penteados às vestes. No extremo, em vez de se fantasiar de brancos, fantasiam-se de africanos. Daí que devamos falar, agora, não mais de integracionismo, mas de neointegracionismo.

Como nos Estados Unidos, a adesão da massa negromestiça ao modelo vigente de sociedade, também entre nós, é um fato. Como sempre digo, favelas hoje são, também elas, "templos de consumo". E com um aspecto muito interessante, em termos de psicologia social. No livro *Um País Chamado*

Favela, Renato Meirelles e Celso Athayde não deixaram o tópico passar em branco. Citam a fala de um empresário popular durante o Fórum das Favelas, realizado no Rio de Janeiro, em novembro de 2013, no emblemático Copacabana Palace:

> Na favela, comprar o original é sinal de *status*. Tenho experiência em *shopping* popular. A pequena burguesia é que gosta de pirataria. Para o favelado, a aquisição do produto original é que faz a diferença.

Freud e Marx sorririam. Mas temos mais. No ambiente artístico, não foi pequena a onda do chamado *"funk* ostentação" — e o *"funk* ostentação" diz tudo: consumo espalhafatoso, exibicionista, entre carrões e correntões de ouro. Mas a verdade é que ativistas e militantes do racialismo neonegro vão pelo mesmo caminho da adesão ao "sistema". Os desvairados que invadiram a Escola de Teatro na Bahia gritavam por mais espaço para os pretos no teatro baiano. Os extremistas, que reivindicam paridade étnica no contingente de professores do hoje tão inadequadamente chamado "ensino superior", estão mesmo é querendo forçar uma abertura maior do mercado de trabalho para eles. Discursam exigindo mais lugares e mais oportunidades. Ok, tudo bem, boa sorte, apertem os cintos, assegurem seus espaços. Só não queiram me convencer de que esses desejos legítimos de se dar bem questionam em profundidade a ordem social. Longe disso. E comparar não ofende: antigamente, os revolucionários queriam revolucionar — hoje, eles se contentam com mais vagas, mais postos de trabalho, mais etc., dentro do que está aí. Não se trata mais de transformar o mundo, mas de aumentar a participação na sociedade existente. Ou seja: apesar de todo o palavreado agressivamente transgressor, dos clichês supostamente subversores da ordem estabelecida que formam o esquema de base de seu léxico e de sua retórica, os identitários não são lá tão revolucionários assim. A pose revolucionarista é *mise-en-scène* para melhor fincar desafiadoramente os pés na rinha – e, então, arrolar reivindicações e emitir desejos que, se atendidos, não causariam qualquer transtorno social maior. Para lembrar uma expressão que já foi clichê esquerdista entre nós, a questão se resume ao seguinte: pretos querem ser pequeno-burgueses. E por que não?

Exigir mais mulheres nos quadros do Ministério Público ou da Polícia Federal, mais pretos nas cátedras ou na burocracia universitária, combate sistemático aos agressores de veados, isonomias salariais, repressão mais eficiente ao assédio sexual, reformulação de currículos escolares para incluir história indígena ou línguas africanas, etc., não é nada que vá desorganizar, abalar e muito menos derrubar o edifício social. Isso não é especulação: temos avançado significativamente nesses caminhos. E tais reivindicações – que fariam parte até das versões mais amenas e diluídas da social-democracia ou do chamado "liberalismo igualitário" de Stuart Mill – hoje recebem a aprovação tranquila, o beneplácito da maioria da população brasileira. Jacoby, mais uma vez, está certo:

> O objetivo principal é o poder, ou a distribuição do poder, de empregos ou recursos. O clamor por poder parece algo radical e grave, especialmente associado ao multiculturalismo. Na realidade, o poder destituído de uma visão ou de um projeto

pouco significa; passa a ser apenas uma exigência de que determinadas pessoas exerçam mais autoridade e controle. Também aqui, uma maior representatividade das mulheres e dos afro-americanos [ou dos pretos e mulatos brasileiros, acrescento] em diferentes terrenos pode ser francamente defendida em nome da igualdade. Por mais desejável que isto seja, pouco tem a ver com multiculturalismo – e nada com subversão.

Aliás, ainda no caminho de Jacoby, lembremos que, em que pesem as aparências em contrário, os ativistas identitários abordam essas coisas sem o mínimo de pudor ou hesitação. Dizem claramente: professores ou atores ou estudos negros estão ocupando espaço tímido aqui, logo, queremos que os senhores brancos do Ocidente nos deem mais apoio e mais dinheiro. Querem grana. Não é isso? Não se trata mais de construir um mundo radicalmente diverso. No fundo e na prática, mesmo o identitário que extrema no teatro do radicalismo está de fato em busca de cargos mais importantes e cheques mais generosos. Jacoby: "Especializou-se em marginalização para aumentar seu valor de mercado".

Não tenho nada contra essa ampliação de oportunidades e dos espaços de participação. De modo algum. Apenas observo que esta luta por mais poder, maior presença profissional e mais dinheiro nada tem a ver com subversão e menos ainda com socialismo ou revolução. Como quase cheguei a dizer antes, o liberalismo igualitário dos discípulos e descendentes de Stuart Mill defende o desempenho do Estado no campo da habitação, dos serviços públicos elementares, da segurança alimentar e de alguma distribuição de renda. Hoje, ajuntaram a isso as tais "ações afirmativas". E tudo bem. Por esse caminho, Roberto

Mangabeira Unger *dixit*, não vamos além "do adoçante da política social compensatória e da seguridade social". Políticas compensatórias que, pelo menos desde a criação da Fundação Palmares no governo de José Sarney, vêm sendo largamente levadas à prática no país. Se ainda não geraram resultados reconhecidamente espetaculares ou pelo menos admiráveis, no plano quantitativo, é porque as nossas desigualdades sociais escandalizam quem quer que olhe em sua direção. O problema, portanto, não é o reformismo. É a capa revolucionarista somando-se ao exclusivismo, com seus procedimentos e suas posturas de fundo fascista. Porque isso, além de condenável em si mesmo, produz um duplo afastamento. De uma parte, a belicosidade, o foguetório revolucionarista, etc., com sua recusa do outro, transforma potenciais aliados em, no mínimo, adversários potenciais. De outra parte, identitários reivindicam coisas para eles e só para eles. Assim é que racialistas pedem mais empregos para pretos e só para pretos, como se o desemprego não fosse um problema econômico, mas étnico — e exclusivo deles. Em outras palavras: só me dirijo aos pretos e só estou interessado em melhorar a vida dos pretos — os demais que se fodam... E os políticos profissionais se rendem, não questionam nada. Por incrível que soe, a covardia política, hoje, é mesmo uma característica geral dos políticos e do mundo partidocrata.

Como se fosse pouco, temos ainda a hipnose narcísica, impossibilitando de fato uma percepção menos fantasiosa do contorno e da substância do que rola algo desfocado no entorno ou na vizinhança do espelho. Para dar um exemplo recente, relativo à eleição presidencial de 2018, tivemos leituras bem ilustrativas desse autoengano, digamos, "grupocêntrico". De uma parte, o ex-deputado federal Jean Willys (que trata em termos de exílio a temporada de descompressão que resolveu tirar no exterior, onde não abre mão dos prestigiosos postos de "oprimido" e de "vítima social") afirmou que foi a homofobia nacional que elegeu Bolsonaro (provavelmente, a mesma homofobia que deu a ele, Jean, prêmio milionário em reality show e três mandatos de deputado federal), o desatinado perverso, mentalmente raquítico, que se declarou inimigo dos gays. De outra parte, uma antropóloga conhecida, mas cujo nome não tive tempo de gravar, classificou a vitória da onda bolsonarista como uma reação à entrada em cena de uma nova geração feminista. Ou seja: cada qual superestima seu lugar e sua força, alimenta um senso excessivo de sua própria importância, achando-se no centro do mundo, e assim perde a noção de realidade. Tudo se passa, para eles, como se a recessão econômica, o autoritarismo petista, o espetáculo escandaloso de uma corrupção sistêmica, a escalada do desemprego, o *laissez faire* no campo da criminalidade, a degradação dos serviços públicos de saúde e educação, a crise na área da segurança, etc., não tivessem contado decisivamente para nada. Nesse sentido, sim, são todos verdadeiros "lacanianos": o real não existe. Só ficou faltando aparecer um ativista neonegro para asseverar que o racismo brasileiro elegeu Bolsonaro — e um ecologista dar o ar de sua graça para contradizê-lo, demonstrando definitivamente que o bolsonarismo venceu porque é uma reação ao avanço do ambientalismo no país. E quem quiser que conte outra...

Tudo leva ao isolamento, à fragmentação, ao gueto. E é social e culturalmente prejudicial porque gera resistências a coisas que partem de bases justas, sensatas e/ou necessárias.

Mas é isso mesmo. Misturar farinha e ovo numa frigideira nunca é garantia de um bom suflê. Assim como o exagero disparatado do relativismo pós-moderno atrapalha e confunde o caminho da crítica ao cientificismo e à tecnolatria, também o identitarismo vai multiplicando obstáculos para a realização, por exemplo, de uma ampla reforma do ensino público (por falar nisso, em quanto aumentou, da década de 1970 para cá, o número de jovens negromestiços brasileiros que se lançaram ao aprendizado do iorubá, do fon ou de algum dos idiomas bantos?). Na verdade, o fascismo identitário provoca o recrudescimento do fascismo de direita (hoje, entre nós, "bolsonarista"), aprofundando apartamentos. E é prejudicial também a certas movimentações políticas reformistas de centro, de centro-esquerda ou da esquerda democrática, em consequência da imagem que se firmou, no conjunto da sociedade, identificando multiculturalismo-identitarismo com a esquerda em geral. Pessoas ligadas à esquerda democrática ou reformista insistem já nesse ponto. Sinalizam que está passando o momento de transcender tantos "tribalismos". Argumentam que boa parte das reivindicações centrais dos movimentos sociais dos tempos da contracultura (da igualdade entre os sexos ao casamento *gay*, passando pela criminalização do racismo e a descriminalização das drogas) foi, parcial ou integralmente, incorporada à legislação de vários países, inclusive do Brasil. Que reivindicações e desejos desses grupos devem continuar a ser perseguidos, mas não mais em plano prioritário. Principia a se desenhar então outro horizonte. E se encorpa a voz dos que dizem que é hora de retomar o caminho democrático da liberdade de pensamento e de expressão. Que é necessário respirar o ar livre da democracia em nossos debates políticos e culturais. Que os identitários, se quiserem, continuem a se julgar donos exclusivos da verdade e proprietários inquestionáveis da virtude. Nós é que não temos de aceitar e muito menos de sacralizar seus discursos fanáticos e suas práticas fascistas. Que é, principalmente, hora de retornar ao campo da maioria. De transcender, de uma vez por todas, movimentos e lutas meramente setoriais. Educação, saúde, meio ambiente, diminuição das distâncias sociais é que devem ocupar o centro do palco. Vale dizer, ganha volume a posição de que é preciso recuperar a dimensão histórica, sociológica e antropológica dos processos e das coisas do mundo. E fazer isso com destemor democrático.

Mas vamos finalizar. Existe hoje uma sensibilidade neurótica a críticas e um furor patológico para reprimir divergências, inibir discordâncias, sufocar dissensões. Tudo brota da (ou descamba para a) intolerância. Estamos bem longe da "prática política da escuta", de que falava Barthes. Do gosto enriquecedor pelo convívio democrático. Os identitários escorraçam quem não é igual a eles, a começar pelo *cordon sanitaire* desta excrescência prática que é o "lugar de fala". E cansa ficar sob a mira da superficialidade agressiva dos fanáticos, num país onde mestiçagens e sincretismos começaram antes da existência do Estado e de classes sociais. Mas essa gente só vai se repensar, se o fizer, quando for soterrada por fatos. Volta e meia, em rodas de conversa e nas redes sociais, aparece mais alguém para dizer que desistiu de se manifestar publicamente sobre questões relativas a tópicos de "justiça e igualdade", para evitar agressões dessas caricaturas de revolucionários. Quanto a mim, já sabem — e não é de hoje. Podem tirar o pangaré do aguaceiro. Vou continuar dizendo o que penso. Sobre *tudos* e sobre todos. Feliz ou infelizmente, vivo num país, numa sociedade, onde, para muito além de grupelhos e associações (excludentes) neofeministas e neonegras, vivem milhões e milhões de homens e mulheres que configuram o conjunto da sociedade. Aqui é meu lugar, aqui é onde vivo, aqui está o que posso transformar. Logo, afirmo e reafirmo duas coisas. Primeiro: para mim, não existe propriedade privada no mundo dos signos, dos discursos políticos e das criações culturais. Segundo: sou brasileiro — discuto e vou continuar discutindo tudo que disser respeito ao Brasil. Alterando (ou reduzindo) o célebre verso de Terêncio, Publius Terentius Afer, digo: nada do que é brasileiro me é estranho. Este é o meu lugar de fala.

ANEXOS

Minirrecado ao eventual leitor ou leitora

APROVEITEI ESTA SEGUNDA EDIÇÃO de *Sobre o Relativismo Pós-Moderno e a Fantasia Fascista da Esquerda Identitária* para fazer algumas pequeninas correções e outras breves inserções. Mas, também, para enfeixar aqui neste final alguns textos posteriores ao lançamento do meu livrinho-bomba, como o distinto é tratado aqui na editora Topbooks.

Por ordem de entrada, temos primeiro a republicação de uma entrevista que dei ao jornalista Luciano Trigo, profissional do primeiro time. Em seguida, artigo que enviei para o caderno "Ilustríssima" da *Folha de S. Paulo*, em resposta a uma solicitação do meu querido amigo Marcos Augusto Gonçalves. E logo um artigo que enviei para outro amigo, Antonio Gonçalves, editor do caderno "Aliás" do jornal *O Estado de S. Paulo*. Esses artigos da *Folha* e do *Estadão* formam juntos, na verdade, uma dupla de área. Por fim, um texto mais longo, uma colagem textual que coloquei como posfácio, abordando alguns temas que apareceram com certa constância em comentários (tanto escritos quanto orais) sobre este livro.

Como os assuntos são os mesmos, o eventual leitor ou leitora não deixará de notar alguma repetição. Inevitável. Mas que, espero, não aborreça ou incomode ninguém. Até porque é tudo *parlare onesto*, como diria o velho Dante Alighieri, num dos versos da *Comédia*.

Enfim, é isso. E vamos em frente a navegar.

Ilha de Itaparica, dezembro de 2019.

1 Entrevista a Luciano Trigo[1]

P: VOCÊ FAZ UMA ANALOGIA entre as patrulhas ideológicas dos anos 70 e o que chama de comportamento fascista da esquerda identitária dos dias atuais. O que aproxima e o que diferencia os dois fenômenos?

R: Penso que há duas diferenças básicas: a diferença mental e a diferença comportamental. A diferença mental diz respeito ao seguinte: apesar do sectarismo e da estreiteza política e cultural, aqueles esquerdistas das patrulhas ideológicas ainda tinham uma visão de conjunto da sociedade que pretendiam mudar. Hoje, não: os identitários não têm uma percepção global da sociedade. Só sabem ver baias, guetos, nichos, escaninhos. Perderam a percepção da totalidade. Pensam e operam de forma fragmentária, canonizando seus próprios guetos. Suas reivindicações não levam em conta a população brasileira, mas apenas os desejos e interesses deles mesmos. Por exemplo: os neonegros se conduzem como se o problema do desemprego não fosse social, mas étnico; as neofeministas, por

---

[1] Entrevista publicada no Blog do Luciano Trigo, no site G1 em 11/11/2019.

sua vez, se conduzem como se todo problema trabalhista fosse sexual. Não estão nem aí para o fato de o desemprego ser um problema geral da população brasileira. Já no plano comportamental, a diferença está no grau de violência. O grau de violência das patrulhas ideológicas era relativamente baixo. Mas as milícias identitárias são brutais, truculentas. O que aproxima as antigas patrulhas e as atuais milícias é a intolerância. Com a diferença de que os identitários levam essa intolerância ao extremo. Se tivessem poder, promoveriam banimentos e fuzilamentos. Digamos, por assim dizer, que as patrulhas eram fascistoides, ao passo que os identitários são fascistas de cabo a rabo, fascistas totais.

P: Você escreve que a esquerda identitária se sente moralmente superior aos mortais comuns, mas também que ela promove a "politização do ressentimento". De que forma essa esquerda capitaliza o ressentimento de determinados grupos?

R: Eles se veem como a própria encarnação do Bem. Comportam-se como se o "oprimido" fosse, apenas por ser "oprimido", um ente sagrado, moralmente superior. Mais: o "oprimido", só por ser "oprimido", é o portador da verdade, do sentido e do destino histórico da humanidade. Ora, quem se vê assim, não tem o que aprender no mundo. Daí que a esta autoconsagração se alie a mais rude ignorância — ignorância filosófica, histórica, estética, política, cultural. O militante identitário, regra geral, é um obtuso, incapaz de enxergar um palmo além do seu nariz ou do seu quintal. Daí que, quando questionados mais seriamente, reajam não com argumentos, mas com xingamentos e ataques histéricos, acusando quem os questiona de canalha, desonesto, fascista, machista, escória moral da espécie humana, etc. Ou seja: não estão interessados em nenhum conversa; trata-se apenas de calar e asfixiar qualquer discordância, qualquer dissenso, qualquer dissidência. E fazem isso reunidos em bandos, em "coletivos" que, na verdade, não passam de milícias. E o mais curioso é que adotam essa postura moral justamente para atropelar raivosamente os mais elementares princípios éticos. Veja então qual é a estratégia discursiva do identitário: a afirmação de "status" através da afirmação da inferioridade social. É a sua autodefinição como "excluído" ou "oprimido" que lhe confere "status". Ou seja: a autovitimização é um atalho para a autonobilitação na figura sofrida e heroica do "oprimido", que agora veio cobrar a conta do "Ocidente Branco". Até parece coisa de desenho animado. De certa forma, havia algo disso já na esquerda tradicional, num certo endeusamento do proletariado, contrariando, nesse caso, a visão do próprio Marx (em *A Ideologia Alemã*, por exemplo) ou mesmo a de Trótski, em *Literatura e Revolução*. A diferença é que a esquerda tradicional endeusava o proletariado, enquanto os identitários endeusam-se a si próprios.

P: A destruição de reputações com base em acusações levianas de racismo, homofobia ou misoginia vem se tornando um fenômeno frequente e assustador. A que interesses atendem as pessoas que se unem nas redes sociais para destruir o outro, sem medir consequências, em um verdadeiro tribunal inquisitorial? Não é paradoxal que essa prática venha ancorada em um discurso de defesa da tolerância?

R: Vamos caminhar com vagar. Os identitários acham que são donos absolutos da verdade, que são moralmente superiores ao resto da espécie humana e querem dominar o mundo.

Ora, quando uma pessoa é capaz de chegar ao ponto de se convencer de uma coisa dessas, ela se converte em fanática. É isso o que está acontecendo à nossa volta, e já há algum tempo, com nossos políticos, artistas, intelectuais, salvo exceções realmente honrosas, apoiando ou fazendo vista grossa para o fato E o fanatismo se guia por uma perversão lógica tão insustentável quanto inflexível, tão patológica quanto implacável. Acha que vale tudo. Que tudo é legítimo para impor o "bem" e destruir o "mal". É uma postura imediatamente comparável à dos evangélicos combatendo o candomblé. E é por isso mesmo que os identitários não demonstram a mínima hesitação em falsificar a história, em desprezar a realidade factual, em investir violenta e mentirosamente sobre quem não concorda com eles. Podemos listar facilmente exemplos de cada uma dessas coisas. Veja-se como os racialistas neonegros fecham os olhos para o fato dos negros de Palmares e dos negros malês terem sido escravistas. Fecham os olhos para o fato de que, no sistema escravista brasileiro, até escravos compravam escravos. Do mesmo modo, as neofeministas se concentram exclusivamente no ataque a um Ocidente que não mais existe: um Ocidente "patriarcal". E não dizem nada sobre o resto do mundo: fecham os olhos para a barra pesada que as mulheres sofrem sob a opressão islâmica; fecham os olhos para a prática da extração do clitóris em culturas tradicionais africanas; fecham os olhos para a cruel dominação masculina sobre as mulheres que vemos no mundo indiano e mesmo ainda no mundo chinês. E assim por diante. É por isso mesmo que Camile Paglia diz que os identitários deveriam ser obrigados a ter cursos de história comparada — e também, acrescento, de antropologia e sociologia de sociedades e culturas extraocidentais. Se tivessem um mínimo de noção disso, saberiam que a escravidão não é um karma branco, mas um karma da humanidade. Assim como não dariam atestados de estupidez ao considerar que hoje a mulher é mais oprimida no Ocidente do que em sociedades muçulmanas, por exemplo. Mesmo em nossa antiga sociedade tupinambá, onde desfrutavam temporariamente de alguma liberdade sexual, as mulheres eram mercadoria, moedas de troca, dadas de presente a chefes e guerreiros — e, enquanto um homem podia ter várias mulheres, a mulher que cometesse adultério podia ser punida com a morte. Como os identitários se recusam a ver essas coisas, agridem e execram quem quer que chame a atenção para elas. Na verdade, para lembrar aquele slogam da polícia novaiorquina, a política deles é de "tolerância zero".

P: Por medo, covardia ou complacência, são raríssimos os intelectuais que ousam criticar a perseguição promovida por essas novas milícias, na universidade e fora dela. Como romper essa espiral de silêncio?

P: O silêncio e a covardia dos políticos são atestados de cinismo, evidentemente, mas também é até mais compreensível do que o silêncio e a covardia dos intelectuais, já que o cinismo é uma das peças principais da "caixa de mágica" deles. Os intelectuais, ao contrário e ao menos em princípio, deveriam se manifestar com clareza contra o fascismo identitário e suas ações persecutórias. Mas essa história do "em princípio" dificilmente é confirmada pelos fatos. Renato Janine Ribeiro e outros intelectuais "de esquerda" falaram do fascismo de direita tentando impedir e impedindo pessoas críticas ao atual governo de falarem em feiras literárias como a de Paraty, que hoje mais sugerem arraiais juninos do identitarismo. Mas eles silenciam quando a mesma coisa é feita pela esquerda. E olha que a esquerda identitária começou a fazer isso bem antes, entre nós. Já em 2013, na feira literária de Cachoeira do Paraguaçu, no Recôncavo Baiano, não deixaram o geógrafo Demétrio Magnoli falar, atirando inclusive uma cabeça de porco ensanguentada em direção à mesa de onde ele falaria e praticamente o expulsando da cidade. É hilário, mas, apesar de Stálin-Mao Zedong-Pol Pot, a esquerda encena a farsa de que se acha imune ao fascismo. É muito cinismo, também. Quando ouço ou vejo essas coisas, não resisto e acabo lembrando a seguinte história. Em 1932, na Alemanha, Adolf Hitler lançou sua candidatura a chanceler. Em oposição a ele, a chamada "coalizão de Weimar" (reunindo sociais democratas, católicos e liberais) apoiou a tentativa de reeleição do marechal Hindenburg. E os comunistas lançaram candidato próprio. A parada ficou para ser decidida então no segundo turno, entre Hitler e Hindenburg. Neste segundo turno, os comunistas votaram maciçamente em Hitler. Adiante, como sempre me lembra um amigo, o Pacto Molotov-Ribentrop consagrou o parentesco entre os dois totalitarismos... No meu livro, digo que os stalinistas que levaram Maiakóvski ao suicídio são monstruosamente idênticos aos nazistas que levaram Benjamin ao suicídio. E ponto final. Agora, como romper a "espiral do silêncio"? Entrando em campo com clareza e firmeza, sem abrir mão dos fatos, sem temor, botando os pingos nos ii. Não se faz isso porque, ao contrário do que nossos professores querem nos fazer crer, a covardia intelectual é coisa mais do que comum, coisa rotineira mesmo, no dia a dia do ambiente acadêmico.

P: Você não tem receio de se tornar vítima de um linchamento por parte daqueles que detêm o virtual monopólio da fala na academia? Em outras palavras, não teme se tornar mais um alvo do fenômeno que seu livro denuncia?

R: Não, não tenho medo de nada. E essa gente já me xinga de todo jeito, sempre que tem oportunidade. Me chamam de canalha, fascista, racista, etc. Eles fazem de tudo para me intimidar, me silenciar. Na Bahia, onde moro, não só os identitários, o PT me cerca, me ameaça, me fecha todas as portas, complicando muito, inclusive, minha sobrevivência material. Cheguei a ser colunista de um jornal lá e o governo petista, que controla tudo na província com os mesmos métodos de Antonio Carlos Magalhães, exigiu minha demissão. Deixei de escrever no jornal, na imprensa local. Mas não adianta. Não vou parar de pensar, nem de dizer o que penso. No meu doce exílio na Ilha de Itaparica, sob os signos de José de Anchieta e do meu amigo João Ubaldo Ribeiro, montei uma plataforma de lançamento de mísseis político-culturais. E não vou parar de lançá-los. Esta é, na verdade, minha principal diferença com meu amigo Francisco Bosco, autor de *A Vítima Tem Sempre Razão?*. Bosco, no fundo, tem um pé plantado fundo no identitarismo. Parece mesmo acreditar na legitimidade intelectual e política do binarismo maniqueísta. Quer convencer identitários e trazê-los a outro aprisco, num horizonte mais moderado. É uma coisa de aparar arestas e promover a conciliação. Não acredito nisso. Não acredito que seja possível reconverter fanático. E não escrevo com essa intenção. Eles são irrecuperáveis. Logo, vou para a guerra. Não escrevo para eles, mas para o conjunto da sociedade, que é onde eles podem ser derrotados.

P: Você afirma que o sistema educacional brasileiro se tornou uma fábrica de ignorância. Por quê?

R: É uma constatação. Só. Antigamente, a gente dizia que era preciso ensinar os analfabetos a ler e escrever. Hoje, podemos dizer que é preciso ensinar os universitários (e professores universitários) a ler e escrever. É tão simples assim.

P: Você acredita que artistas de esquerda foram cooptados por um projeto de poder em troca da dependência crescente de recursos públicos? Fale sobre isso. Você concorda com a frase de Millôr Fernandes que recomenda desconfiarmos do idealista que lucra com seu ideal?

R: É impressionante a atração da "classe artística" (de direita, de centro, de esquerda, de tudo) por dinheiros estatais. Querem que o governo — vale dizer, o país, a sociedade — financiem todas as suas fantasias. Pensam que o Estado é uma vaca e que deve assegurar-lhes o direito de, sempre que desejarem, entrar no curral para ordenhá-la. De um modo geral, dá vontade de repetir para essa gente, ligeiramente alterada, a célebre frase de John Kennedy: não pergunte o que o Estado pode fazer por você, pergunte o que você pode fazer pelo Brasil... Mas isso não foi — nem precisa ser — sempre assim. Para não recuar muito na história, podemos nos limitar à segunda metade do século XX. A bossa nova, a poesia concreta, o cinema novo e o tropicalismo — vale dizer, nossas maiores e mais brilhantes criações estético-culturais — aconteceram sem editais, sem patrocínio oficial, sem leis de incentivo. E dou também um pequeno, recente e bem significativo exemplo. Quando Ana de Holanda era ministra da Cultura, seu irmão Chico Buarque decidiu corretamente que não seria recomendável buscar patrocínio do MinC. Percorreu o país inteiro com um belo show, sem qualquer incentivo fiscal do Estado. Um outro aspecto, que acho de alta relevância: desenvolver políticas públicas para a cultura, no Brasil, não significa bancar uma clientela preferencial, financiar artistas e intelectuais. Atuando na esfera da administração pública na Bahia, por exemplo, criei e coordenei um programa de preservação da integridade territorial e física dos terreiros de candomblé. Mais tarde, entre Brasília e São Paulo, formulei o projeto geral para a implantação do Museu da Língua Portuguesa. Além disso, boa parte dos órgãos públicos "de cultura" hoje, no Brasil, vai derrapando solenemente na maionese identitária: o que importa não é a qualidade do que se faz, mas a ação afirmativa. Ou seja, para lembrar uma expressão perfeita da socióloga Lúcia Lippi, caíram no conto do vigário da "institucionalização da compaixão".

P: Os movimentos em defesa das minorias começaram para defender a diferença, a "outridade". Como foi possível que esses movimentos se tenham tornado tão intolerantes com a divergência? A que fatores você atribui esse processo, resumidamente?

R: O melhor é recontar a história porque aí a deformação identitária vira fratura exposta. Esses movimentos (gays, mulheres, pretos, etc.) surgiram ou ressurgiram ao longo da década de 1970, no horizonte de nossa luta geral pela reconquista da democracia no Brasil. Todas essas movimentações (na época, "de minorias"; hoje, identitárias) se projetaram então, ganharam visibilidade política e social, no contexto da luta em defesa do outro. Da luta pelo reconhecimento do outro, pelo respeito ao outro. Foi o momento maior, pelo menos em nossa história recente, de defesa e afirmação da outridade. Agora, aí vem a contradição: vitoriosos em nome do reconhecimento do outro, a primeira coisa que esses identitários fizeram, ao se afirmarem vitoriosamente na cena brasileira, foi justamente negar e combater o outro. Promover um ataque feroz e sem tréguas à outridade. Assim, negros (fenotípicos ou simbólicos) não querem saber de conversa com não-negros. Mulheres (heterossexuais ou lésbicas), desde que "radfems", não querem saber de homens palpitando em assuntos femininos. Etc. O que começou como uma luta pelo reconhecimento do outro termina agora como uma luta que rejeita o outro, a diferença, a outridade. É uma negação muito estranha, mas que deve ser entendida também como a luta por um monopólio da fala que se traduz, objetivamente, em reserva de mercado: só negros podem falar de assuntos negros; só mulheres podem abordar questões femininas. É a guetificação e a celebração da guetificação, inclusive porque isso assegura verbas, fontes de financiamento, controle político-ideológico, etc. Toma-se então o outro, caricaturalmente, como inimigo. E assim as movimentações se encorpam numericamente, ampliando o número de seus fiéis. Claro: sabemos muito bem que o caminho mais curto para conquistar a massa não é o da complexidade, das nuances, dos matizes enriquecedores. É o caminho do binarismo maniqueísta, que gera leituras tão fáceis quanto falsas da realidade envolvente.

P: De forma sintética, quais são as suas críticas ao "racialismo neonegro"?

R: O problema principal do nosso racialismo neonegro é pretender substituir a experiência histórica e social de um povo pela experiência histórica e social de outro povo. E assim substituem a formação histórico-social brasileira pela norte -americana, numa típica conduta de colonizados. Nossos processos configuradores são totalmente distintos. Além disso, em matéria de relações inter-raciais, os Estados Unidos não são exemplo nenhum para o mundo. Muito pelo contrário, são uma anomalia planetária: o único país do mundo a não reconhecer oficialmente a existência de mestiços de branco e preto. Outra coisa é que nossos racialistas fecham os olhos para a realidade do assassinato espiritual do negro africano nos Estados Unidos, sob a poderosíssima pressão do poder puritano branco. Tanto que lá inexistiam orixás, terreiros, babalaôs, etc., até que eles começaram a chegar pelas migrações antilhanas, pela perseguição à "santería" cubana, promovida por Fidel Castro. No Brasil, religião negra é candomblé. Nos Estados Unidos, é a variante negra do protestantismo branco. Martinho Lutero (em inglês, Martim Luther) King era um pastor evangélico, não um babalorixá. Sempre digo que, se tivesse acontecido, no Brasil e em Cuba, o que aconteceu nos Estados Unidos e na Argentina, não teríamos hoje um só deus africano, um só orixá, em toda a extensão continental das Américas... Outra coisa é que os racialistas neonegros idealizam ao extremo a tal da "Mama África". Daí, ficam surpresos quando dão de cara com a realidade mais ostensiva atualmente de países como a Nigéria e Angola, que é a realidade da exploração do negro pelo negro. A África Negra se tornou um rosário de ditaduras corruptas, com elites negras multimilionárias e o povo negro na miséria. Nossas feministas neonegras também fecham os olhos para um aspecto essencial da vida de Ginga, a rainha de Matamba, que não só tinha escravas pretas, como as usava como poltronas, sentando-se durante horas sobre seus dorsos nus, enquanto fazia tratativas políticas, comerciais ou militares. Apenas para tocar mais uma tecla, nossos neonegros, que são todos variavelmente mulatos, ficam perplexos, quando tomam conhecimento do fortíssimo preconceito contra os mulatos que vigora em boa parte da África Negra. Costumo observar que Barack Obama jamais ganharia uma eleição na Nigéria ou em Angola: seria rejeitado pelas massas negras pelo simples fato de não ser preto, mas mulato. Aliás, em Angola, os mulatos são tratados pejorativamente como "latons".

P: O feminismo estaria passando pelo mesmo processo de cooptação política e sectarização?

R: O feminismo contracultural de Betty Freedan, Germaine Greer e Gloria Steinen degringolou no neofeminismo puritano-fanático de Andrea Dworkin e similares. Elas assumiram um discurso maluco que abole totalmente a história. Imaginam um estupro original, ocorrido às primeiras luzes da história da espécie e congelam tudo aí: acreditam que aquele suposto estupro pré-histórico se repete sempre, até aos dias atuais, sempre que um homem e uma mulher vão para a cama. Qualquer relação heterossexual é colocada então sob suspeita. Catherine Deneuve e algumas intelectuais e artistas francesas reagiram contra isso, defendendo o livre exercício da sexualidade e condenando o neofeminismo norte-americano que trata o homem como inimigo. E outra mulher, Camile Paglia, definiu bem: essas neofeministas são puritanas fanáticas. Como se não bastasse, também muitas neofeministas se fazem de cegas, a depender da conveniência. Veja-se o caso do "black panther" Eldridge Cleaver, relatado por ele mesmo em seu livro *Soul on Ice*. Cleaver conta aí que estuprou uma mulher branca como "um ato de insurreição", a fim de "sujar" as mulheres do homem branco. Mais ainda: Cleaver escreve, com a maior tranquilidade do mundo, que, antes de estuprar brancas, treinou no gueto, currando pretas pobres! E as neofeministas nunca disseram nada sobre isso. Nem contra o estupro, nem contra o racismo de Cleaver diante das moças pobres do gueto. Angela Davis preferiu não tocar no assunto. É impressionante. E mostra a que ponto as coisas podem chegar: identitários não condenam crimes cometidos por identitários. É uma noção muito estranha de justiça.

P: Que avaliação você faz das políticas de cotas e dos movimentos de ação afirmativa, como conceito e como resultados práticos? As cotas alimentam o vitimismo? O que pensa do conceito de "dívida histórica"?

R: Não acho que cotas sejam realmente necessárias e digo isso a partir da realidade dos asiáticos e seus descentes na sociedade brasileira. Não existem cotas para "amarelos". No entanto, a ascensão social dos amarelos, no Brasil, é um fato notável. Mas, se querem implantar políticas de cotas, elas não devem ser étnicas, raciais. A razão é simples. Nem todo preto é pobre, nem todo pobre é preto. No Brasil, há pobres de todas as cores. Entre numa favela em Santa Catarina que isso fica bem explícito. E penso que não temos o direito de privilegiar, em meio às massas pobres do país, apenas um determinado segmento étnico. Isso não tem nada a ver com democracia ou justiça social. Então, se é para ter cotas, que elas não sejam simplesmente "étnicas", mas sociais. Agora, essa conversa de "dívida histórica" é picaretagem. Se quiserem, comecem a cobrar, primeiramente, da classe dominante negra lá na África, que encheu as burras com sua participação decisiva no tráfico de escravos. Os nagôs e os orixás só foram parar na Bahia porque foram derrotados em guerras contra os daomeanos, sendo então escravizados e vendidos para cá. Reis do Daomé chegaram, inclusive, a enviar embaixadas à Bahia, na tentativa de assegurar para eles o monopólio da venda de escravos para os baianos. Agora, até hoje, as classes dominantes na África Negra gostam de fazer esse truque, de enganar o povo, dizendo que todos eles foram vítimas do "homem branco". É mentira. Recorrem a esse expediente de botar tudo na conta da "exploração branca" a fim de esconder a exploração a que elas mesmas submeteram (e ainda hoje submetem) os povos negros. As classes dominantes negras não foram vítimas, foram sócias dos brancos no comércio transatlântico de carne humana.

P: Que análise você faz das políticas públicas racialistas promovidas pelos governos de FHC e Lula? De que forma elas contribuíram para o fortalecimento do que você chama de fascismo identitário?

R: A minha impressão é que eles não entenderam bem ou não prestaram a devida atenção, lá no início, no que estava começando a acontecer. Nem pensaram nas consequências de muitas coisas. De Sarney a Lula, porque a política racialista de caráter "compensatório" começa com Sarney e ganha extrema visibilidade com a criação da Fundação Palmares, que foi a entidade que, com seus procedimentos enviesados, criou mais quilombos no Brasil do que Zumbi seria capaz de sonhar. Fernando Henrique não se tocou com a grande deformação pedagógica realizada sob seu nariz, com a gravação de uma contra-história esquerdista do Brasil, invertendo tudo da primeira história oficial de Varnhagen e companheiros, nos parâmetros curriculares do ensino. No caso de Lula e do PT, penso o seguinte. Lula, Dirceu, etc., estavam concentrados em política e em caminhos para chegar ao poder. Não tinham qualquer interesse específico ou especial em discursos de "minorias", como então se dizia. Eles apenas abrigaram essas minorias no partido e deixaram que elas se movessem por conta própria. Como não tinham tempo ou disposição para discutir seus discursos, tomaram uma atitude curiosa: sacralizaram os discursos dos "oprimidos". Dentro do PT, tudo que índio, preto, veado ou mulher dissesse, não se discutia. O negócio era celebrar os oprimidos, dar voz aos que nunca tiveram voz, etc. E isso está mesmo na base da formação do fascismo identitário.

P: Que caminhos você visualiza para que a sociedade brasileira saia desse apartheid maniqueísta e dessa guerra de narrativas que nos divide a ponto de rompermos relações com amigos e familiares?

R: Temos a polarização político-ideológica e as polarizações identitárias. No primeiro caso, só há uma saída. Deixar petistas e bolsonaristas de parte — e partir para fortalecer o campo democrático. O problema é que esse próprio "campo democrático" não parece realmente disposto a fazer isso, no sentido simples de que, na prática, se recusa a empreender uma releitura crítica rigorosa de sua trajetória e do entendimento do processo que veio das manifestações de junho de 2013 à vitória eleitoral da extrema direita na eleição presidencial de 2018. No segundo caso, é preciso dessacralizar os identitários. Desmantelar aura e auréola de vítimas e mártires que pretendem se colocar acima de tudo, como juízes e algozes implacáveis das coisas da vida e do mundo. Combater seus "tribalismos", sua glorificação do gueto, seus expedientes fascistas. Deixemos de parte as exacerbações particularistas, setoriais, e vamos voltar a nos mover no campo da maioria, nas águas mais vivas do conjunto da sociedade brasileira. O que digo é isso: precisamos superar o "apartheid" identitário e reencontrar a democracia. Em todos os campos do pensar, do sonhar, do imaginar e do fazer.

2 | De olho no "lugar de fala"

MINHA INTENÇÃO, AQUI, é colocar o tal do "lugar de fala" no seu devido lugar. Mas, antes disso, me sinto na obrigação de fazer umas observações preliminares.

De uns tempos para cá, temos visto uma onda de violência se encorpando assustadoramente em todo o país. São calúnias, linchamentos verbais, agressões físicas. Partindo tanto do segmento atualmente mais barulhento da esquerda, cristalizado nos movimentos identitários e suas milícias (eufemisticamente tratadas como "coletivos"), quanto da extrema direita, com sua ponta de lança na boçalidade "bolsonarista".

Recentemente, intelectuais de esquerda, a exemplo de Renato Janine Ribeiro, vêm falando sobre o assunto. Denunciando, por exemplo, ações para impedir que críticos do atual governo se manifestem em festas ou feiras literárias que, como a de Paraty, se converteram em arraiais juninos do identitarismo. Mas a crítica esquerdista a uma ascensão do fascismo entre nós tem sido feita de maneira estranha e sintomaticamente seletiva.

O que vemos são ataques ao fascismo de direita — e silêncio sobre o fascismo de esquerda. Como no dito popular, os macacos se negam a olhar o próprio rabo. E isto embora, em nossa conjuntura recente, o fascismo de esquerda tenha saltado na frente, como vimos em 2013, numa feira literária em Cachoeira do Paraguaçu, no Recôncavo Baiano, quando extremistas identitários impediram o geógrafo Demétrio Magnolli de falar e praticamente o expulsaram da cidade.

Antes que algum esquerdista proteste, aviso que uso a palavra "fascismo" a propósito de qualquer iniciativa que vise a exercer controle ditatorial sobre postura e pensamento dos outros, a fim de impedir que estes questionem dogmas de determinado grupo que se considera portador da verdade e do destino histórico da coletividade. Digo isso porque, muito curiosamente, ainda existe quem pense que a esquerda — apesar das atrocidades protagonizadas por Stálin, Mao Zedong, Pol Pot, Fidel Castro, etc. — é imune ao fascismo.

Bem, o fascismo identitário corre solto, com sua pitoresca mescla de revolucionarismo fraseológico e conservadorismo ideológico (afinal, ninguém mais fala em transformação global da sociedade e instauração de um novo mundo; antes, luta-se por maior participação e mais oportunidades no interior da sociedade que aí está — batalha por empregos, salários, etc., com todos ansiando fazer parte do *"mainstream"*, o que não tem nada de errado, mas também nada tem a ver com subversão e muito menos com socialismo) e seu típico pessimismo programático com relação às sociedades ocidentais modernas, mas com o neofeminismo fechando os olhos para a opressão masculina entre muçulmanos e o racialismo neonegro fingindo não ver a exploração do negro pelo negro em Angola ou na Nigéria, por exemplo.

E aqui, finalmente, chego ao ponto que anunciei. É o tal do "lugar de fala", que defino como expediente fascista típico do identitarismo, em sua ânsia de calar a diferença, silenciar a outridade. Mas, como tem gente que acha que esse "lugar de fala" é fundamental, avanço então para dar a minha visão (mesmo resumida) de tal procedimento supostamente democrático, mas, na realidade, perversamente ditatorial e excludente.

Sim: "lugar de fala" é uma perversão ideológica doentia de um antigo truísmo sociológico. No caso, a banalidade sociológica foi distorcida em guilhotina ideológica, destinada a cortar cabeças genital ou cromaticamente diferentes ou política e ideologicamente discordantes. Um instrumento ou mecanismo fascista feito sob medida para eliminar dissidências.

Aprendemos há muito, com a sociologia, a fazer a leitura de qualquer discurso em conexão com a "posição de classe", com o lugar do discursante na estrutura da sociedade e em sua hierarquia sociocultural. É o beabá da sociologia, embora sua aplicação nem sempre seja fácil e imediata (pode ser altamente complexa, se tomarmos como objeto de análise, por exemplo, o discurso de Karl Marx ou o do nosso Joaquim Nabuco), a menos que cedamos à tentação emburrecedora do chamado "marxismo vulgar", que acaba não dizendo nada sobre nada.

Mas vejamos em plano geral. O que a filosofia e a sociologia ensinam, pelo menos da passagem do século XVIII para o XIX e até aos dias de hoje, é que as ideias (os discursos, na gíria mais moderna) têm sua origem em alguma base fundamental, ou em algum espaço basilar, que é exterior ao mundo das próprias ideias. Vale dizer: as ideias se configuram num espaço, base ou recanto extraideacional.

Já se pensava assim quando Destut de Tracy publicou seus *Eléments d'Idéologie* em 1801. O sociólogo berlinense Reinhard Bendix sintetiza:

> As ideias derivam exclusivamente de percepções sensoriais, acreditava ele. A inteligência humana é um aspecto da vida animal e 'ideologia' [na acepção de ciência das ideias] é, portanto, parte da zoologia. Tracy e seus colegas achavam que, através dessa análise reducionista, no sentido de atividades mentais serem atribuídas a causas fisiológicas subjacentes, haviam chegado à verdade científica.

Já o marxismo clássico reza que cada classe social gera uma certa consciência da vida e do mundo. De Destut de Tracy a Marx, no entanto, o pressuposto é o mesmo: o significado último das ideias deve ser buscado não nelas mesmas, mas no que está por trás delas, sejam constrangimentos físicos, sejam condicionamentos sociais.

Aí estão balizamentos teóricos do *lugar de fala*, na tradição do conhecimento filosófico e social. O que diferencia este *lugar de fala* do "lugar de fala" do identitarismo? Simples. Mas antes façamos uma observação necessária. O "lugar de fala" identitário não deixa de ser um retrocesso a Destut de Tracy, no sentido de que volta a tomar a realidade ou a situação física da pessoa (não se pensa mais em classe social, claro) como base e explicação de tudo.

O identitarismo representa assim um retorno "epistemológico" à configuração física do indivíduo. Especificamente, à organização genital da pessoa (não no sentido complexo da *Teoria Psicanalítica da Libido* de Karl Abraham, é claro, mas no do simplismo neofeminista, corpo marcado pela presença do célebre *"penis erectus"*, ou com a fenda subclitoridiana e seus lábios se abrindo sob pelos pubianos) ou à pigmentação da pele (a "melanina" da bioquímica) ou mesmo à negação metafísica da bipartição sexual objetiva da espécie humana (e não me lembro quem escreveu que toda negação se contém no espaço daquilo que nega). Ou seja: estamos nos reinos da vagina e da melanina.

Mas há uma diferença imensa, escandalosa mesmo, entre a disposição sociológica e a predisposição identitária. Para a sociologia, o que está em tela é uma constrição relativa à "posição de classe" do indivíduo. Um condicionamento (e não um determinante, por sinal) desenhado pelo lugar do indivíduo, do grupo ou da classe na estruturação hierárquica da sociedade.

Para a perversão identitária, a conversa é outra: esta posição na estrutura da sociedade, antes que ser tomada como realidade a ser imparcialmente reconhecida e examinada, assume um significado moral: é razão de condenação inapelável (se o sujeito se achar na posição de "opressor") ou de celebração irrestrita, de canonização como fonte de legitimidade discursiva (se o sujeito se achar na posição de "oprimido").

Vale dizer: para a sociologia, trata-se de *compreender* o fenômeno — para o identitarismo, trata-se de *julgar*. E quem por acaso se encontrar no lugar do "opressor" deve ter a voz cassada, deve ser calado, mesmo que à força, na base do grito e da porrada. Daí que, regra geral mesmo, tudo que o identitarismo define como "inclusivo", a exemplo do seu "lugar de fala", é coisa que circunscreve um agrupamento e implica a exclusão dos demais. E assim o que vemos, à nossa frente, é o paradoxo da *inclusividade excludente*.

Mas vamos finalizar. Não me lembro agora quem fez a distinção política precisa. Nestes últimos anos, a liberdade de expressão e o pensamento independente sofrem pressões e ameaças vindas de duas direções poderosas. No espaço geral da sociedade, elas vêm basicamente da extrema direita. No espaço mais restrito do campo universitário e do mundo artístico-intelectual, vêm basicamente da esquerda identitária.

Plantado com clareza no campo da esquerda democrática, penso que temos de combater esses dois fascismos, na base do vigor, do rigor, da criatividade e da coragem. Combater "ambos os dois" — como diria o velho Luiz de Camões. Hoje, a liberdade, juntamente com a necessidade de redução das distâncias sociais, é questão essencial da vida brasileira.

3 | Chega dessa conversa de Brasil e de brasileiros?

É PRECISO CONTINUAR chamando a atenção para o significado perverso do avanço do fascismo de esquerda no Brasil. Hoje, a cada passo que damos, topamos com dois conceitos excludentes vociferados de forma agressiva, violenta mesmo, pelas milícias (vulgo "coletivos") do multiculturalismo identitário: o chamado "lugar de fala" (circunscrevendo legitimidades discursivas só para "oprimidos") e a chamada "apropriação cultural", pretendendo isolar e compartimentar "culturas".

De fato, o multiculturalismo encontrou sua expressão política mais aguda e belicosa no fascismo da esquerda identitária. E o que é mesmo o multiculturalismo? Sejamos claros: é um "apartheid" de esquerda. A ideologia multiculturalista se opõe às interpenetrações culturais, defendendo o desenvolvimento apartado de cada "comunidade étnica", de modo que ela possa permanecer sempre idêntica a si mesma, numa espécie qualquer de autismo antropológico. E o Brasil nunca foi e não é um espaço multicultural. Ao contrário, somos um país sincrético.

Como escrevi outro dia artigo sobre o "lugar de fala", vou me deter hoje, mesmo brevemente, em torno da "apropriação cultural", que é um retrato acabado da atual ignorância a respeito da história cultural da humanidade, toda ela feita de imposições, apropriações, empréstimos, trocas e mesclas. A coisa ficou conhecida no Brasil graças ao "caso do turbante", que uma mulata escura tomou como signo cultural especificamente negroafricano.

O turbante foi levado à África Negra pelos árabes, que invadiram muitos dos seus reinos (é provável, inclusive, que a palavra "mulato" venha do árabe, designando originalmente filhos de árabes e pretos; vale dizer, viria de *muwallad* – *mualad*, *mulad*: e de *mulad* a mulato ou mulata, o passo é pequeno). É conhecida a história da revolta no Gobir, reino hauçá, contra a dominação muçulmana. Proibiu-se ali, naquela conjuntura, que negros usassem símbolos da opressão islâmica – entre eles, o turbante. A mulata brasileira que tomou o turbante como signo negro nada conhecia de história africana.

Mas podemos chegar também a outra perspectiva sobre "apropriação cultural", no caminho do musicólogo Flávio Silva, em seu importantíssimo "Musicalidades Negras no Brasil". Flávio fala aí da afirmação do sistema tonal entre nós, marcando de uma ponta a outra nossa criação musical. Lembra que a tonalização do ouvido brasileiro, no sentido do pré-classicismo europeu, foi difundida aqui "por compositores e instrumentistas mulatos e negros instruídos por mestres lusos durante o período colonial".

A modinha, o lundu, a ópera, a opereta, a invasão de danças europeias e de suas partituras no século XIX prolongaram e ampliaram a tonalização do ouvido musical, vitoriosa nos choros e maxixes do fim do século, que desembocariam nos sambas urbanos e nos diversos gêneros característicos do populário do século XX.

E mais, acertando no centro do alvo: "Um raciocínio simplório levaria a considerar a adoção do sistema tonal e de seu instrumental pelos escravos e pelos que deles descendem, parcial ou integralmente, como determinada pela opressão do sistema escravista. Músicos como Domingos Caldas Barbosa, José Maurício, Callado, Pixinguinha, Cartola e tantos outros integrariam uma espécie de 'uncle Tom' musical – acusação feita nos EUA a Louis Armstrong".

Flávio vai por outro caminho: "A paixão e a virtuosidade com que esses músicos elaboraram obras perfeitamente enquadradas na tonalidade denotaria uma perversão de sua identidade cultural. Na realidade, o que ocorreu foi uma 'apropriação cultural', por parte dos músicos negros, mulatos e dos mestiços em geral, dos princípios harmônico-melódicos da música europeia, donde a notável aproximação estilística de músicos de origens e regiões tão diferentes como Ernesto Nazareth no Brasil e Scott Joplin nos EUA, que se desconheciam. Ataíde, Aleijadinho e outros mais fizeram análoga apropriação cultural de princípios das artes visuais europeias".

Trata-se de uma inversão lúcida e preciosa, sobre a qual nossos identitários e racialistas deveriam pensar. O que se tem aqui nesta bela passagem, como em todo o texto de Flávio Silva,

CHEGA DESSA CONVERSA DE BRASIL E DE BRASILEIROS? 171

sempre de uma precisão e erudição admiráveis, não é o ralo e reles discurso da vitimização – mas a visão afirmativa do músico negromestiço brasileiro como (para lembrar Waly Salomão) "a voz de uma pessoa [de uma trama processual ou de uma ação cultural] vitoriosa". Flávio deixa de lado o discurso da vitimização e faz o discurso da afirmação vitoriosa.

É fundamental entender isso. Vitórias negromestiças na música, na língua, no futebol ou na religião, com terreiros de candomblé sendo hoje tombados como patrimônio da nação brasileira. Já o multiculturalismo, com seu vitimismo, seu pessimismo programático e sua ânsia de "apartheids", aponta numa direção claramente contrária.

Vejam o que aconteceu nos Estados Unidos, país em que – pasmem – somente 1% dos brancos possui alguma ascendência africana. Hoje, simplesmente, não existem mais "americanos". Existem ítalo-americanos, africano-americanos, etc. Querem também pulverizar o Brasil e riscar do mapa a figura do brasileiro. Promover um fracionamento étnico nacional.

Não é a primeira vez que tentam isso entre nós. "Os primeiros intelectuais que elaboraram a diferenciação dos brasileiros por categoria étnica ou religiosa foram os nazistas", informa Ricardo Costa de Oliveira em "A Identidade do Brasil Meridional" (na coletânea "A Crise do Estado-Nação", organizada por Adauto Novaes). Acrescentando: "De acordo com o discurso nazista, não haveria povo brasileiro". Índios à parte, o que existiam eram luso-brasileiros, sírio-brasileiros, ítalo-brasileiros, afro-brasileiros e assim por diante.

Ainda Oliveira: "Em 1937, reuniu-se em Benneckenstein o Terceiro Congresso do Círculo Teuto-Brasileiro do Trabalho.

(...). Suas posições intelectuais apontavam para a formação de uma consciência étnica que se manifestasse em uma comunidade distinta e separada enquanto teuto-brasileira. (...). O teuto-brasileirismo era interpretado como 'o gérmen do retalhamento do Brasil, com o nazismo no momento, ou com outro nome qualquer futuramente'". Era o multiculturalismo nazista em ação, hoje levado adiante pelo multiculturalismo identitário.

O multiculturalismo conseguiu fazer isso nos Estados Unidos — e pode fazer o mesmo por aqui. Lembre-se que juridicamente, tanto no Brasil quanto nos Estados Unidos, o "jus soli" — o chamado direito do solo, "lex soli" — vale dizer, a nacionalidade determinada pelo lugar de nascimento, prevaleceu sobre o "jus sanguinis", o direito de sangue, a nacionalidade determinada pela matriz étnica.

Mas se isso vigora no plano jurídico, vemos que, nos Estados Unidos, a coisa foi revertida no campo social. Político-social. Na sociedade norte-americana, o que prevalece agora é o "jus sanguinis". Por isso mesmo, podemos definir os atuais Estados Unidos como o país dos etc.-descendentes. E a meta inequívoca é fazer o mesmo aqui no Brasil. Se isto nem sempre é explicitamente formulado no plano da teoria, é francamente exercitado no dia a dia da prática.

É justa e exatamente este o sentido de uma expressão como "afrodescendente". Quando alguém nascido no Brasil se diz "afrodescendente", está dizendo o seguinte: que se vê, se sente e se percebe, em primeiro lugar e acima de tudo, como um descendente de africanos. E só depois disso, muito secundariamente, como brasileiro.

Ao Brasil caberia um lugar subordinado à matriz étnica (ou a uma das matrizes étnicas do sujeito, escolhida ideologicamente, já que somos todos mestiços). Teríamos assim o ser brasileiro como mero complemento do ser africano – e de um ser africano mítico, ideológico, não é preciso dizer.

Do ponto de vista do multiculturalismo e do identitarismo, a nação é uma ficção reacionária. E, como tal, tem de ser desmantelada. Daí, de resto, a relevância de visões como a de Flávio Silva, que corrigem distorções grosseiras da esquerda semiletrada que hoje berra nos "campi" e vai se espalhando pelas ruas, com seu discurso binário-maniqueísta, que é o caminho mais curto e mais fácil para seduzir as massas.

4 | Colagem-posfácio: de olho em algumas questões

POUCO ANTES DO LANÇAMENTO do meu primeiro livro, *Carnaval Ijexá*, em 1981, comentei numa roda de amigos, onde estavam uma historiadora e um sociólogo, que meu escrito se chocava frontalmente com a tentativa algo esdrúxula do antropólogo Roberto DaMatta de pretender ver o carnaval brasileiro com os óculos do russo Mikhail Bakhtin. Eles cobraram então um capítulo contestando DaMatta. E eu disse que não faria. Primeiro, porque o livro falaria por si mesmo. Segundo, eu não iria destruir o desenho do livro para entrar numa estrada lateral. Terceiro, se houvesse uma segunda edição, sim, eu faria a contestação num posfácio. De fato, o livro falou por si. Em artigo publicado numa revista especializada, o antropólogo Peter Fry não só definiu *Carnaval Ijexá* como "fascinante" — observou também, com todas as letras, que o livro contrariava e desmentia DaMatta, mostrando que a visão bakhtiniana do carnaval medieval não dava conta do grande rito social brasileiro. Bem, a primeira edição de *Carnaval Ijexá* esgotou rapidamente, mas a editora que o publicou nunca fez uma segunda edição. Perdi a oportunidade do posfácio prometido. Mas tive ocasião de contestar DaMatta com vagar, numa conferência que fiz nos Estados Unidos em 1993, *Carnival: The Colors of Change* publicada no livro *Black Brazil: Culture, Identity and Social Mobilization*, organizado por Larry Crook e Randal Johnson, e depois republicada na revista *Afro-Ásia*, do Centro de Estudos Afro-Orientais da Universidade da Bahia.

Neste momento, a situação é outra. Tenho uma segunda edição e vou abordar aqui, nesta colagem textual à guisa de posfácio, algumas coisas sobre as quais eu não me deteria no corpo do livro – e dando, ainda, uns dois ou três toques a mais. Mas partindo do começo. Quando foi publicada a primeira edição de *Sobre o Relativismo Pós-Moderno e a Fantasia Fascista da Esquerda Identitária*, topei logo com uma manifestação de Francisco Bosco sobre o livro, estampada na revista *Época*. Em seguida, foram muitas as reações ao meu ensaio (especialmente, nas chamadas "redes sociais"), que foi tratado num espectro bem extenso, do extremo em que o vi acusado de "lixo fascista" ao extremo em que o vi celebrado como "espetacular". Aproveito agora o lançamento desta nova edição para fazer comentários provocados por coisas que ouvi ou li. Mas de um modo genérico, criticamente genérico. Começo, no entanto, como anunciei, reproduzindo a resposta que dei então a Francisco Bosco.

I. UMA RESPOSTA A FRANCISCO BOSCO

A primeira resenha escrita a propósito do meu novo livro, *Sobre o Relativismo Pós-Moderno e a Fantasia Fascista da Esquerda Identitária*, foi publicada na revista *Época*, assinada por Francisco Bosco. Como conheço Francisco e sei o que ele pensa, sabia que

a resenha reconheceria alguns méritos do autor, mas rechaça-
ria muitas coisas do livro – precisamente, as que ferem posições
defendidas pelo próprio Bosco em seu livro sobre o mesmo assunto. Na verdade (e no fundo), Bosco é uma espécie de identitário moderado que acredita poder salvar identitários extremistas, trazendo-os um dia ao aprisco da moderação. Me lembra,
nesta postura, alguns antigos militantes do Partidão, mas me
sugere, principalmente, aquela coisa do "ar de moço bom" da
canção de Roberto Carlos. Aqui, somos bem diferentes. Mas,
além de fazer sua defesa de expedientes fascistas como "lugar
de fala", Bosco reage contra um certo desdém com que trato
Michel Foucault. Entendo. Foucault, para Bosco, é um centro
gravitacional. É "estrutural" para a armação do pensamento
dele. Para mim, não. Assim, o fato de eu ter passado ao largo de
qualquer discussão de Foucault faz ele protestar, acusando-me
de uma falta de "aprofundamento teórico" e de "zelo conceitual". Do meu ponto de vista, a questão era outra: como não
estava escrevendo nenhuma tese acadêmica, não perdi tempo
com Foucault, indo direto ao que me interessava. Mas, enfim, se
é isto o que Bosco deseja, vamos ao assunto. Escrevi no meu ensaio que não tinha nada a ver com o eruditíssimo papo furado
das epistemes, nem com a teoria do poder adotada pelo filósofo
francês. A seguir, explico (mas repetindo que jamais perderia
tempo com esses dois tópicos em meu livro). Vamos lá:

A. As "epistemes"

Foucault estabelece uma sequência de horizontes epistêmi-
cos em *As Palavras e as Coisas*. Cada episteme como que circuns-

creve um horizonte intelectual compulsório, determinando o que a mente humana poderia investigar em seu âmbito. Para ele, a episteme impositiva, no século XVIII, não incluiria a história. Pois muito bem. Naquela época em que, segundo Foucault, não seria possível haver reflexões sobre a história, o *barockmensch* italiano Giambattista Vico, mestre de Michelet, foi o marco inaugural da antropologia da história, cujo pulsar mais longínquo podemos detectar na intuição do velho Heródoto. Não se trata de um argumento cronológico complacente, mas de uma questão intelectual objetiva, inscrita no céu da história das ideias ocidentais. Vico não só veio antes de Michelet e Marx. Ele sobretudo assentou, em lances arrojados e rasgos muitas vezes ofuscantes, as bases de um novo saber. Suas preocupações com a história e a vida social deixam à mostra, por isso mesmo, a vulnerabilidade da concepção monolítica de "episteme clássica", tão elegantemente delineada por Foucault. Se Foucault tivesse se dado ao trabalho de cruzar a fronteira francesa, para chegar à Itália setecentista, não teria escrito o que escreveu.

B. A teoria do poder

De uma parte, a teoria do poder de Foucault não traz novidade alguma. De outra parte, a novidade que traz é absurdamente cega. Me explico. Foucault fala de uma onipresença do poder, divisa o poder atravessando todas as relações sociais e interpessoais. Isso não é nenhuma novidade. Max Weber já apontava para esta realidade, assim como alguns sociólogos e analistas políticos contemporâneos. Não tenho certeza agora, mas acho que isso já aparece nos escritos de *Economia e Sociedade*, de Weber. De outra parte, como disse, a "novidade" de Foucault é cega, em consequência do fato de ele tudo definir em termos de relação de dominação. É uma obsessão total com a dominação, que se manifestaria em todos os tipos de relacionamento, em cada uma das esquinas do mundo. Por esse caminho, Foucault não só chega à fantasia paranoide total da "sociedade carcerária" (me lembro de um "seminário" de que participei, durante meu mestrado em antropologia: um mestrando, não me lembro se sob o signo de *Vigiar e Punir* ou de *Microfísica do Poder*, tratava a universidade como se ela fosse um presídio; perguntei então a ele: se assim é, por que você não cancela sua matrícula aqui e vai passar uma boa temporada na penitenciária Lemos de Brito?). É pior: ao ver relações de dominação no universo inteiro, Foucault acaba dissolvendo a distinção entre sociedades livres e sociedades não livres. Ou seja: em princípio, no plano de sua leitura, não há diferença entre a Rússia stalinista e a social-democracia sueca! Foucault fala mesmo de uma "tessitura carcerária da sociedade". E ele mesmo minimiza qualquer diferença entre democracia e ditadura, numa entrevista que deu a K. S. Karol, ali pelo final da década de 1970. Ora, não tenho tempo a perder com isso.

Quanto aos temas propriamente identitários, não vou repetir aqui, em resposta a Bosco, o que acabei de escrever em *Sobre o Relativismo Pós-Moderno e a Fantasia Fascista da Esquerda Identitária*. Repito outra coisa — trecho de entrevista que acabei de dar ao jornalista Luciano Trigo, que me perguntou se eu não tinha medo de virar alvo de linchamento de milícias identitárias:

Não vou parar de pensar, nem de dizer o que penso. No meu doce exílio na Ilha de Itaparica, sob os signos de José de Anchieta e do meu amigo João Ubaldo Ribeiro, montei uma plataforma de lançamento de mísseis político-culturais. E não vou parar de lançá-los. Esta é, na verdade, minha principal diferença com meu amigo Francisco Bosco, autor de *A Vítima Tem Sempre Razão?*. Bosco, no fundo, tem um pé plantado fundo no identitarismo. Parece mesmo acreditar na legitimidade intelectual e política do binarismo maniqueísta. Quer convencer identitários e trazê-los a outro aprisco, num horizonte mais moderado. É uma coisa de aparar arestas e promover a conciliação. Não acredito nisso. Não acredito que seja possível reconverter fanático. E não escrevo com essa intenção. Eles são irrecuperáveis. Logo, vou para a guerra. Não escrevo para eles, mas para o conjunto da sociedade, que é onde eles podem ser derrotados.

2. DE FOUCAULT AO FASCISMO

Bem: Foucault, ainda. Volto ao tema para passar aqui uma visão mais panorâmica do pensamento do filósofo francês, reproduzindo trecho de um texto de Helen Pluckrose, escritora e editora da revista digital *Areo*. Não li o texto no original, mas na versão para o espanhol estampada na *Letras Libres* – "Cómo los 'Intelectuales' Franceses Arruinaron Occidente: La Explicación del Posmodernismo y sus Consecuencias" –, que me foi enviada por Ivan Moura Campos, professor de Ciência da Computação na Universidade Federal de Minas Gerais. Fiquei sabendo depois que o texto tinha sido traduzido para o português pelo biólogo Eli Vieira – e é a esta tradução que recorro, com pequeninas alterações, nas citações que seguem. De um modo geral, Helen diz que, paradoxalmente, o pós-modernismo nos ameaça levar de volta ao pré-moderno. A "uma cultura irracional, tribal e 'pré-moderna'". Entendo perfeitamente. Russell Jacoby diz coisa bem parecida. Esta estranha espécie de autismo antropológico, a que se deu o nome de "multiculturalismo", com sua crença de que as nações atuais são formadas por várias "culturas", sempre me pareceu estar se referindo a um mundo remoto (a África anterior à chegada dos europeus, por exemplo) do que ao mundo contemporâneo. O encadeamento pós-moderno/multiculturalismo/identitarismo compõe uma aquarela involuntária de tempos realmente longínquos.

Mesmo sem ir muito longe na história, o fato é que nosso planeta, hoje, é muito mais homogêneo do que o foi no século XVIII, claro. Essa entidade global, a que chamamos Ocidente, é na verdade um movimento trans-histórico, extra-geográfico e pan-étnico. Décadas atrás, Barraclough afirmou que o processo mais espetacular da história do século XX era a revolta da Ásia e da África contra o Ocidente. Mas é preciso acrescentar que a "Revolta contra o Ocidente" foi feita sob o signo de valores ocidentais. E dizer isso é dizer tudo. "Se escrevemos a história das batalhas, o colonialismo é um fracasso. Basta, porém, escrever a história das mentalidades para percebermos que ele é a maior conquista de todos os tempos", observou Christian Maurel, acrescentando que a "maior preciosidade" do processo colonial foi a "farsa da descolonização". Serge Latouche também viu o óbvio, ao dizer que o fim da supremacia europeia não foi o fim da civilização ocidental. Pelo contrário, assistimos à mundialização do Ocidente. Daí a sua conclusão desconcertante:

O Ocidente não é mais a Europa, nem a geográfica, nem a histórica; também não é mais um conjunto de crenças partilhadas por um grupo humano que perambula pelo planeta; nós nos propomos a lê-lo como uma *máquina* impessoal, sem alma e, de hora em diante, sem mestre, que colocou a humanidade a seu serviço.

Exagero, pode-se dizer – mas a planetarização do planeta é um fato. Das extensões asiáticas aos territórios negroafricanos, o Ocidente perdeu as batalhas, mas ganhou a guerra. Perdeu as terras, mas conquistou o imaginário.

Mas deixemos a digressão de lado e vamos ouvir Helen Pluckrose:

A obra de Foucault está centrada na linguagem e no relativismo, apesar de ele os aplicar à história e à cultura. Ele chamou esta abordagem de 'arqueologia', porque via a si mesmo como que 'desenterrando' aspectos da cultura histórica através dos discursos registrados (uma 'fala' que assume um ponto de vista particular). Para Foucault, o discurso controla o que pode ser conhecido e, em diferentes períodos e lugares, diferentes sistemas de poder institucional controlam o discurso. Além disso, o conhecimento é um produto direto do poder. 'Em qualquer dada cultura e em qualquer dado momento há sempre apenas uma 'episteme' que define as condições de possibilidade de todo conhecimento, seja ele expresso na teoria ou silenciosamente investido na prática'. Além disso, as pessoas são elas próprias construídas culturalmente. 'O indivíduo, com sua identidade e características, é a produção de uma relação de poder exercida sobre os corpos, multiplicidades, movimentos, desejos, forças'. Ele não deixa quase nenhum espaço para a agência individual ou a autonomia. Como Christopher Butler diz, Foucault 'confia em crenças sobre o mal inerente da posição de classe do indivíduo, ou sua posição profissional, vista como 'discurso', independentemente da moralidade da conduta individual'. Ele apresenta o feudalismo medieval e a moderna democracia liberal como igualmente opressivos, e advoga criticando e atacando instituições para desmascarar a 'violência política que sempre tem sido exercida de forma obscura através delas'. Vemos em Foucault a expressão mais extrema do relativismo cultural lido através de estruturas de poder, na qual a humanidade compartilhada, bem como a individualidade, estão quase inteiramente ausentes. Ao contrário, as pessoas são construídas por suas posições em relação a ideias culturais dominantes, quer como opressoras, quer como oprimidas. [...].Vemos também a igualação da linguagem à violência e à coerção, e da razão e do liberalismo universalista à opressão.

Aqui, Helen abre o foco para fazer um comentário geral que pede toda a nossa atenção:

Lyotard, Foucault e Derrida são apenas três dos pais fundadores do pós-modernismo, mas suas ideias compartilham temas em comum com outros 'teóricos' influentes, e foram utilizadas por pós-modernos posteriores que as aplicaram em um crescente espectro de disciplinas no interior das ciências sociais e humanidades. [...]. A humanidade compartilhada e a individualidade são essencialmente ilusões e as pessoas são propagadoras ou vítimas de discursos que dependem de sua posição social: uma posição que é dependente da identidade, muito mais que de seu engajamento individual na sociedade. A moralidade é culturalmente relativa, assim como a própria realidade. A evidência empírica é suspeita e também o são quaisquer ideias culturalmente dominantes – tais como a ciência, a razão e o liberalismo universalista. Estes são valores iluministas ingênuos, totalizantes e opressores, e há uma necessidade moral de esmagá-los. Ainda mais importantes são a vivência, as narrativas e as crenças dos grupos 'marginalizados' que são igualmente 'verdadeiras', mas precisam agora ser privilegiadas sobre os valores do Iluminismo para reverter a opressiva, injusta e inteiramente arbitrária construção social da realidade, da moralidade e do conhecimento. O desejo de esmagar o *status quo*, desafiar os valores e instituições amplamente aceitos e erguer os marginalizados é absolutamente liberal em seu *ethos*. Opor-se a isso é decerto conservador. Essa é a realidade histórica, mas nós estamos em um ponto único da história onde o *status quo* é de perfeita consistência liberal, com um liberalismo que exalta os valores da liberdade, direitos iguais e oportunidades para todos, independentemente de gênero, raça ou sexualidade. O resultado é a confusão em que liberais veteranos que desejam conservar esta espécie de *status quo* liberal são considerados conservadores e aqueles que buscam evitar o conservadorismo a todo custo estão defendendo o irracionalismo e o antiliberalismo. Enquanto os primeiros pós-modernos tentaram em geral desafiar discursos com discursos, os ativistas motivados por suas ideias estão se tornando mais autoritários e seguindo-as até às suas conclusões lógicas. A liberdade de expressão [*free speech*] está sob ameaça porque o discurso [*speech*] agora é perigoso. Tão perigoso que as pessoas podem, considerando-se liberais, justificar que se o responda com violência. A necessidade de defender um ponto persuasivamente, utilizando o argumento racional, foi, agora, substituída pelas referências à identidade e ao ódio puro.

E mais:

Mesmo com todas as evidências de que o racismo, o sexismo, a homofobia, a transfobia e a xenofobia são sempre menores nas sociedades ocidentais, acadêmicos esquerdistas e os ativistas da justiça social exibem um pessimismo fatalista, possibilitado pelas 'leituras' práticas interpretativas pós-modernas, que valorizam o viés da confirmação. O poder autoritário dos acadêmicos e ativistas pós-modernos parece invisível para eles mesmos, conquanto evidente para todos os outros. [...]. O pós-moderno se tornou uma metanarrativa lyotardiana, um sistema de poder discursivo e uma hierarquia opressora de Derrida.

3. GIRAFAS & FORMIGAS

Outro aspecto que gerou alguma conversa disse respeito aos temas da racionalidade e da verdade. É claro que também não vou fazer aqui nenhuma preleção (a discussão está até bem desenvolvida no livro, no capítulo 4: "A racionalidade planetária"). Mas vale acrescentar uma que outra coisa.

José Guilherme Merquior já dizia, no seu livro excepcional sobre Foucault, datado de 1985: "Foucault não renuncia a pelo menos uma pretensão à verdade: a de que sua própria analítica do poder é verdadeira".

Ainda:

Em última análise, pois, Foucault não ousou incluir sua própria teoria naquilo que ele diz do pensamento dos intelectuais: que, nos esforços destes, tudo é luta, nada é luz. [...]. Ora, se a demonstração da verdade de sua analítica do poder independe do rude pragmatismo da luta, então subsiste ao menos uma pretensão 'pura' de verdade.

E mais:

> "... no fundo, o projeto de Foucault parece atolado num gigantesco dilema epistemológico: se exprime a verdade, então *todo* saber é suspeito em sua pretensão de objetividade; nesse caso, porém, como pode a própria teoria dar testemunho de sua verdade? A situação é análoga ao famoso paradoxo do mentiroso de Creta — e Foucault parece ter sido de todo incapaz de escapar dele (o que explica por que nem tentou enfrentá-lo)".

Mas, com Foucault, a barra ainda é algo leve. Ela vai pesar de vez é com o extremismo total do relativismo pós-moderno (e sua versão truculenta e analfabeta na militância identitária), que vai tratar a ciência e a racionalidade científica não simplesmente com um desdém solene — mas como entidades a serem levadas ao palco inquisitorial, sob uma saraivada de ataques. Falam os físicos Sokal e Bricmont:

> "Há, na verdade, algo muito estranho na crença de que — digamos, procurar por leis causais ou uma teoria unificada, ou em questionar sobre se os átomos obedecem às leis da mecânica quântica — as atividades dos cientistas são, de alguma forma, inerentemente 'burguesas', 'eurocêntricas', 'masculinistas' ou mesmo 'militaristas'".

Mas se pós-modernos e identitários gostam de atacar e demolir, eles não têm o menor dom para se explicar (ou, como donos absolutos da verdade, acham isso ridículo, totalmente desnecessário e desprezível). Voltemos, portanto, a Helen Pluckrose:

O problema lógico da autorreferenciação foi apontado aos pós-modernos, com bastante frequência, por filósofos, mas isso é algo que eles têm que abordar de forma convincente. Como Christopher Butler apontou, 'a plausibilidade da proposição de Lyotard sobre o declínio das metanarrativas no final do século XX depende, em última instância, de um apelo à condição cultural de uma minoria intelectual'. Em outras palavras, a hipótese de Lyotard deriva diretamente dos discursos que o rodeavam na sua bolha acadêmica burguesa e é, de fato, uma metanarrativa sobre a qual ele não ficou nem um pouco incrédulo. Igualmente, o argumento de Foucault de que o conhecimento é historicamente contingente precisa ser, ele mesmo, historicamente contingente; outrossim, perguntamo-nos por que Derrida se deu ao trabalho de explicar tanto a infinita maleabilidade dos textos numa tal amplitude, se eu poderia ler todas as suas obras e afirmar, com o mesmo grau de autoridade, que elas são histórias sobre coelhinhos?.

Por fim, Helen cita o filósofo Davi Detmer, em *Challenging Postmodernism*:

Considere este exemplo, dado por Erazim Kohak: 'quando eu tento, sem sucesso, enfiar uma bola de tênis dentro de uma garrafa de vinho, eu não preciso tentar com várias garrafas de vinho e várias bolas de tênis; antes de usar o canhão de indução de Mill, eu chego, intuitivamente, à hipótese de que bolas de tênis não cabem dentro de garrafas de vinho'... Estamos agora numa posição de virar a mesa [contra o relativismo-multiculturalismo-identitarismo] e perguntar: se eu julgo que bolas de tênis não entram em garrafas de vinho, você pode me dizer, precisamente, como meu gênero, localização espacial e histórica, classe, etnicidade, etc., determinam a objetividade desta constatação?.

Mas ele não encontrou relativistas extremistas dispostos a explicar seu raciocínio — e descreve uma conversa desconcertante com uma filósofa pós-moderna, Laurie Calhoun: "Quando eu tive a oportunidade de questioná-la sobre se é um fato ou não que girafas são mais altas do que formigas, ela replicou que este não era um fato, mas sim um artigo de fé religiosa em nossa cultura". Dá para acreditar?

4. O PURITANISMO ANGLO-SAXÔNICO CONTRA GAUGUIN

O Canadá continua sendo o país das cagadas e das meta-cagadas identitárias, mas o fato é que a merda se espalha pelo mundo... No momento mesmo em que escrevo isto aqui, os ataques se dirigem contra Elizabeth Bishop, a propósito de uma feira literária em Paraty que se tornou reduto do fascismo esquerdofrênico-identitário. Motivo: Elizabeth apoiou o golpe militar de 1964 no Brasil. E daí? Entre meus poetas favoritos, estão Maiakóvski, que apoiou os bolcheviques (e depois se suicidou), e Ezra Pound, que apoiou os fascistas (e depois foi internado num hospital psiquiátrico). Essa gente burra e ignorante que agora ataca Elizabeth é completamente incapaz de entender uma coisa dessas (e muito menos o fato de que um caretão anglicano como T. S. Eliot tenha sido um poeta absolutamente excepcional): não, não é que essa turma grosseirona não leia — é mais simples: é que essa tropa da imbecilidade nem mesmo aprendeu a ler... Um pouco antes da onda contra Elizabeth Bishop, li no *New York Times*, o alvo da histeria identitária foi Paul Gauguin. O motivo? Simples. Gauguin é acusado de etnocêntrico (por ter tratado taitianos como "selvagens", como era a praxe na época, inclusive em terreno antropológico) e pedófilo, porque andou se casando com mocinhas entre 13 e 14 anos de idade (coisa corriqueira na maioria das culturas conhecidas, inclusive no mundo tropical tupinambá, onde as meninas perdiam a virgindade antes mesmo de atingir a maturação hormonal). No texto "Questionando Políticas Identitárias", onde faz sua leitura de *Sobre o Relativismo Pós-Moderno e a Fantasia Fascista da Esquerda Identitária*, Hudson Carvalho abordou de passagem o assunto.

Há dias *O Globo* reproduziu uma matéria do *New York Times* sobre a exposição 'Retratos de Gauguin', na National Gallery, em Londres, na qual uma burra e moralista curadoria insinua inconveniências do artista com adolescentes na sua passagem pelo Taiti. Diz um dos textos na parede: 'Gauguin, sem dúvida, explorou sua posição como ocidental privilegiado para aproveitar ao máximo as liberdades sexuais disponíveis para ele'. E para todos os demais, suponho. E mais: 'Gauguin manteve repetidas relações sexuais com meninas, 'casando' e tendo filhos com duas delas'. Ora, ora, quanta asnice! Naquelas lonjuras, onde Gauguin viveu por cerca de 12 anos, se o extraordinário artista estivesse maculando as regras locais de convivência ou danando famílias, provavelmente teria sido morto por um pai ou por um irmão 'desonrado'. No mais, relações e casamentos com adolescentes eram comuns em tempos passados – e ainda são em algumas nações da África (Níger, Bangladesh e Guiné). A expectativa de vida era muito menor e as religiões incentivavam os conúbios prematuros. Na nobreza, essa era a norma de conveniência. A famosa Maria Antonieta – a dos brioches – maridou-se com Luís XVI com 14 anos. Hoje, no tecnológico Irã, pela lei, meninas e meninos podem se casar com 13 e 15 anos, respectivamente, e com menos de dez com a anuência dos responsáveis. A UNICEF estima que um milhão de adolescentes e petizes casam-se, anualmente, no Irã. Em suma, basta dar uma 'googlada' para se inteirar deste amplo universo milenar de relações juvenis. Mesmo que Gauguin, morto há 116 anos, fosse um notório canalha, qual é o propósito de tentar enxovalhá-lo em um evento que celebra o seu fabuloso legado artístico? Por este crivo anacrônico do politicamente correto, como alerta Nelson Motta, como lidaremos com os trabalhos de gênios como Baudelaire, Picasso, Leonardo da Vinci e outros? Entregaremos o quadro 'Mona Lisa' para os talibãs da pós-modernidade o destruírem?.

Eu teria várias observações a fazer sobre tanta imbecilidade, mas, como Hudson me poupou aqui e ali, vou me limitar somente a uma. O cara, para não cair sob a mira da ira identitária, tem de corresponder rigorosamente à ideologia do puritanismo anglo-saxônico. Tem de ser um anjo terráqueo, com direito a entrada sem questionamentos no paraíso cristão. Não pode, jamais, ser um "pecador". Sim: com os identitários, estamos sendo julgados pelo código do puritanismo. O que é de uma pobreza extrema, pelo simples fato de que a vida não é puritana. Certo: os identitários querem nos forçar a ser puritanos e obrigar a vida a ser puritana — e vão fracassar nesse propósito terrorista, evidentemente. Porque, repito, a vida não é puritana. É justamente neste sentido que as religiões grega e nagô, para citar apenas dois exemplos, são muito mais sábias e ricas do que o cristianismo. "Da rica cafeteria da vida, o Ocidente, principiando com o estabelecimento da cristandade como uma ordem político-religiosa, escolheu uma rígida dieta de bondade", na observação maravilhosa do antropólogo indiano Jacob Pandian, em *Anthropology and the Western Tradition*. E é isso mesmo. No caso, como Gauguin não corresponde ao ideal de perfeição do puritanismo, ele é imediatamente condenado ao fogo do inferno.

Quando vejo esta secularização do velho e reacionário puritanismo anglo-saxônico na ideologia identitária "de esquerda" (e neste sentido o identitarismo é uma versão política do protestantismo puritano), não posso deixar de me lembrar de Plínio o Novo (filho adotivo de Plínio o Velho), Gaius Plinius Caecilius Secundus, que dizia, numa sentença sintética tão característica do antigo saber latino: *Quis vitia odit, homines odit*. Isto é: quem odeia o vício, odeia a humanidade.

5. EM BUSCA DE NARRATIVAS COMUNS

Em *A Condição Pós-Moderna*, François Lyotard partiu para desacreditar os "metarrelatos" ou "metanarrativas" ou "grandes narrativas", que, do mito à religião e à ciência, passando pelo marxismo, digamos, pretendem dar explicações amplas e mesmo totais para fenômenos e processos de largo alcance — o significado da história, a evolução das espécies, o sentido da vida, etc. Enfim, toda ideologia ou teoria totalizante é uma "metanarrativa". (Se alguém, ainda com algum viés pós-moderno-multicultural estranhou a inclusão do mito nesse rol, lembro que as narrativas míticas constituem, por definição, as únicas respostas totais e totalizantes para os enigmas do cosmo, da vida e da *Seele*.) O lance, para Lyotard, era dispensar as tais metanarrativas e, em seu lugar, cultivar "mininarrativas", em busca de "verdades" menores, mais grupais ou mesmo mais pessoais.

Helen Pluckrose *once again*:

> Vemos em Lyotard uma relatividade epistêmica explícita (cren-ça em verdades ou fatos pessoal ou culturalmente específicos) e a defesa de privilegiar-se a 'experiência vivida' em detrimen-to da evidência empírica. Vemos também a promoção de uma versão de pluralismo que privilegia as perspectivas de grupos minoritários em detrimento do consenso geral de cientistas ou da ética liberal democrata, que são representadas como autori-tárias e dogmáticas.

E isso, obviamente, é a cara do pós-moderno-multicultu-ralista-identitário. O curioso, mesmo, é que Lyotard nunca chegue a ter sequer um vislumbre, mesmo que bem de relan-ce, do fato de que, ao combater as metanarrativas, ele mesmo tenha criado sua própria metanarrativa, justificando, em pla-no macro, seu apego ao micro.

Além de não olhar para o próprio rabo, Lyotard prejudica – e muito – a movimentação numa dimensão política maior. Vou dar um exemplo: pense-se no campo de nossas atuais rei-vindicações e lutas urbanas. A grande dificuldade política que temos, hoje, é encontrar um caminho comum para as mani-festações diversas e dispersas que procuram modificar, refa-zer ou reinventar aspectos de nossas cidades. Não temos uma identidade urbana que se deixe ler de imediato e por inteiro. Cada cidade se converteu numa colagem de muitos signos e sentidos. E, como se não bastasse, pós-modernos e identitá-rios celebram e praticam a pulverização como se ela fosse uma virtude em si mesma. Como se a sociedade nunca devesse buscar uma comunhão de discurso e projeto (como fizemos na campanha das diretas-já, por exemplo). Ou como se o estar junto ou o se mobilizar conjuntamente só fosse possível na pauta nanocomunitária em torno das microverdades do gueto, nunca em escala de massas.

Não tenho nada, em princípio, contra a heterogeneidade ou a multiplicidade. Não é este o problema. Mas é preciso saber ver que há determinados momentos – tempos e espaços de ação – que só se podem configurar a partir da definição ou da criação de uma base comum. É preciso então saber construir a perspectiva de uma práxis mobilizadora geral, que atravesse – respeitando – as particularidades e os particularismos. O problema é que a alienação pós-moderna à Lyotard e seus desdobramentos no identitarismo não só definiu as metanarrativas como fábulas de que teríamos de nos livrar, como acabou colocando sob suspeita até narrativas menores. O identitário não admite a tentativa de ligar coisas diferentes na realização de um propósito comum. Aqui, celebram-se lascas e estilhaços; condena-se o vínculo, a conjunção, o acoplamento, em suma, qualquer intuito de argamassa. Mas não é assim que as coisas devem se articular no sentido da transformação sociocultural. Se queremos mover montanhas (cidades), temos de começar por recuperar a noção prática e teórica de algo que se pode compartilhar. Temos de conferir realidade a um chão compartilhável. Neste sentido, tecer uma "narrativa comum" é fundamental, se desejamos fazer algo mais do que dar as costas ao mundo ou jogar bombas ao acaso. Em *Governança Inteligente para o Século XXI*, Berggruen e Gardels acertam quando dizem que uma "narrativa relâmpago" pode levar repentinamente às ruas uma multidão que do contrário estaria dispersa, mas não é suficiente por si só para manter o arco teso. "Como também aprendemos com as experiências dos 'filhos do facebook' no Egito e na Tunísia, o que mais importa não é a conectividade, mas uma 'narrativa comum' definida por e alinhada com interesses socioeconômicos reais". No caso das movimentações urbanas, de que estamos falando, alinhada com o que queremos ser na cidade que queremos ter.

Pós-modernos e identitários andam passando quilômetros longe disso, voltados apenas para si mesmos. No entanto, para mudar o mundo urbano, precisamos de uma heresia compartilhada, de uma narrativa comum. Temos então de tentar vencer o isolamento e atar as pontas das movimentações que questionam a imagem vigente e o projeto dominante de cidade, que marcam nossa vivência atual. E aqui seremos obrigados a transcender divisórias identitárias e a superar "ideologemas" hoje caros a muitos, como a sacralização da "multiplicidade" e o fetiche da "horizontalidade" organizacional. É claro que a multiplicidade é enriquecedora, mas, se a sacralizamos, corremos o risco de atravancar o caminho da construção de um novo modo de vida urbano. Se há momentos em que é vital a presença de mônadas nômades, há outros em que a necessidade de nexos deve falar mais alto. Aliás, se a própria identidade pessoal é muitas vezes múltipla, e vários e distintos gestos contestadores se entrelaçam para constituí-la, tanto específica quanto simultaneamente, não vejo como negar que observação semelhante permanece válida, também, com relação ao espectro das movimentações sociais.

É por aí que devemos considerar que diversos movimentos urbanos (de combate à poluição; contra a discriminação racial; do transporte público gratuito; da livre locomoção dos *gays*; de preservação do patrimônio histórico e/ou ambiental; de liberação do "uso recreativo" da maconha; de afirmação das mulheres; dos "sem-teto"; etc.) podem ser irredutíveis uns aos outros, mas é claro que encontrarão pontos em comum, *desde que se disponham a procurá-los*. Do mesmo modo, a "horizontalidade" é algo que devemos cultivar, mas não absolutizar. O geógrafo David Harvey assinalou o problema, em *Rebel Cities*. Não que ele considere a horizontalidade algo que devamos descartar. Mas, no seu entender, "um fetichismo de preferência organizacional" – como este da "pura horizontalidade", buscada pela Rede "marineira", por exemplo – pode se erguer como obstáculo no caminho da sondagem e da experimentação de soluções adequadas e efetivas para questões que complicam nossas vidas. Logo, devemos estar cientes dos seus limites como "princípio organizacional hegemônico" – e estar preparados para avançar além dele, quando necessário. De qualquer sorte, devemos persistir na contestação do que deteriora nossas cidades e complica nossas vidas no ambiente citadino; na busca de elos que ultrapassem os limites do gueto e das clausuras identitárias; na proposição de alternativas para uma vida urbana melhor.

No polo oposto a Lyotard e quejandos – e a todos os seus filhotes pós-modernos – digo o seguinte. Militantes identitários pretos estão preocupados somente com os pretos; militantes identitárias feministas estão preocupadas somente com as mulheres; militantes identitários homossexuais estão preocupados somente com lésbicas e veados; e assim por diante. Na contramão de todos eles, estou preocupado com o Brasil.

6. A BOÇALIDADE PUBLICITÁRIA ACIONA O IDENTITARISMO

Concordei, em *Sobre o Relativismo...*, com comentários de Fernando Coscioni a propósito de uma observação de Slavoj Zizek, dizendo que o *marketing* e a publicidade estavam jogando com o narcisismo identitário na exploração de novos nichos de mercado e incorporando a *political correctness* para "agregar valor" a marcas empresarias. Anos atrás, marqueteiros e publicitários haviam já instrumentalizado a "sustentabilidade" a fim de valorizar seus produtos, sempre demonstrando que o mercado é onívoro, desde que deglutir isso ou aquilo signifique lucro. Agora é a vez do multiculturalismo-identitarismo ser usado. Mas há uma diferença/consequência que devemos ressaltar. Discursos publicitários em favor da "sustentatibilidade" não deixavam de ser positivos para o conjunto da sociedade. E o mesmo não podemos dizer da publicidade que aciona a ideologia identitária, na medida mesma em que o identitarismo renega o tal do conjunto da sociedade, opondo-lhe o fracionamento, a guetificação, o neossegregacionismo. Seja como for, nem bem o livro foi lançado e começou a circular na mídia a campanha publicitária de uma fábrica de móveis anunciando, tão pomposa quanto ridiculamente, o fim do "criado-mudo", em nome da ideologia multiculturalista-identitária. Me pipoquei de rir, claro. Uma propaganda feita na base do casamento da típica boçalidade publicitária com a solenidade também típica do capachismo mental colonizado. Um recorde de ridículos, em suma. E aí topei, no facebook, com uma crônica maravilhosa, deliciosamente lúcida, de Eduardo Affonso sobre o assunto. Vale a pena ler. Vejam o que ele escreveu:

"Uma empresa vai tirar de linha o 'criado-mudo', porque a expressão é racista.

Racista?

Os criados são uma raça? Há uma raça de mudos?

Aquele móvel onde você guarda remédios, lenços de papel, bombinha de asma, título de eleitor, cópia da chave do carro, e que serve de apoio para livros e luminária, alguma vez te lembrou um escravo calado, a noite inteira de pé ao lado da cama?

Bora rebatizar os móveis e acessórios opressores e perpetuadores de discriminação!

'Olho mágico' tem um quê de alucinógeno, não tem? Será preconceito contra usuários de substâncias ilícitas?

Por que essa falta de mobilidade social que prende a 'mesinha de centro' ao centro e a 'mesinha de canto' ao canto? Abaixo o comodocentrismo das mesinhas de centro! Liberdade para as mesinhas de canto assumirem o protagonismo!

Diga 'não' ao trabalho análogo à escravidão. Se o nome é 'pano de prato', ele deve receber hora extra quando for usado para enxugar talheres e panelas — e adicional de insalubridade quando, na falta de luvas, pegar caçarolas quentes no fogão. Que as lojas de artigos de cama e mesa mudem os nomes para 'pano de garfo', 'pano de faca', 'pano de frigideira' etc.

O mesmo vale para quem usa colher de sopa para medir açúcar, colher de chá para colocar pó de café no coador, forma de bolo para fazer pudim, tábua de carne para picar cebola...

Quer coisa mais estadocivilnormativa que 'cama de solteiro' e 'cama de casal'. Não é cama que define o estado civil de ninguém. E como é que ficam os poliafetivos, os menagers, os suínguers, sendo o tempo todo lembrados que aquele móvel foi feito para um casal, não para práticas sexuais alternativas?

Também precisamos repensar o gênero quando se trata de sofá-cama. Por que 'o' sofá-cama, não 'a' sofá-cama? Sofá-cama é genderfluid — ora sofá, ora cama — portanto, nenhum gênero o/a define.

E a bicama? Por que expor assim a orientação sexual de um móvel? Se ela é bi, isso é questão de foro íntimo.

Desde quando sapato e mala são roupas? E onde é que a gente guarda? Na parte de baixo e lá na prateleira de cima do guarda-roupa. O nome 'guarda-roupa' é discriminatório e não inclusivo. Doravante, refira-se a ele como 'guarda lenço bolsa toalha sapato mala cinto e roupa' (se preferir, use a sigla GLBTSMCR).

Como alguém pode, em sã consciência, almoçar na mesa de jantar?

Lavar pano (de prato, de talher, de panela, de chão) na lava-roupas?

Usar a escrivaninha para desenhar?

Meu ferro elétrico é quase todo de plástico, mas o plástico não tem representatividade — só o ferro. Pode isso?

É justo impedir a luminária de pé de se sentar? Chamar de corredor um lugar por onde a gente normalmente anda em baixa velocidade? Usar o computador para tudo, menos para computar? Apenas relaxar na espreguiçadeira? Fazer o número dois no urinol?

E, já que o criado-mudo é racista, o que dizer do machismo explícito de a cama king size ser maior que a queen?"...

7. CODA

Diante de tantas pressões, perseguições, xingamentos, ameaças, vindos em saraivadas sucessivas tanto da extrema direita, quanto da esquerda identitária... Sei que não somos muitos e que política e culturalmente estamos atravessando dias bem difíceis... Não nos esqueçamos, por isso mesmo, do verso do poeta chileno Vicente Huidobro, no Canto II do maravilhoso *Altazor*: "neste deserto, cada estrela é um desejo de oásis".